历届状元向你倾吐高考秘诀

★高效率学习方法　　★独特的心理平衡法　　★倒计时备战锦囊

等你在清華

李朕飞◎主编

台海出版社

图书在版编目（CIP）数据

等你在清华/李朕飞主编. —北京：台海出版社，
2019. 8（2021. 7 重印）
　ISBN 978 - 7 -5168 - 2442 -9
　Ⅰ.①等… Ⅱ.①李… Ⅲ.①高中生 - 学习方法
Ⅳ.①G632. 46
中国版本图书馆 CIP 数据核字（2019）第 217748 号

等你在清华

著　　者：李朕飞			

责任编辑：王　萍　　　　装帧设计：于　芳
版式设计：孙元武　　　　责任印制：蔡　旭

出版发行：台海出版社
地　　址：北京市东城区景山东街 20 号　　邮政编码：100009
电　　话：010 - 64041652（发行，邮购）
传　　真：010 - 84045799（总编室）
网　　址：www. taimeng. org. cn/thcbs/default. htm
E - mail：thcbs@ 126. com

经　　销：全国各地新华书店
印　　刷：三河市悦鑫印务有限公司
本书如有破损、缺页、装订错误，请与本社联系调换

开　　本：880mm×1230mm　　　1/32
字　　数：205 千字　　　　　　印　张：6
版　　次：2019 年 11 月第 1 版　　印　次：2021 年 7 月第 3 次印刷
书　　号：ISBN 978 - 7 -5168 - 2442 -9

定　　价：35. 00 元

前　言

　　一直有个期待——以我们力所能及的方式，还每一位在高考边缘饱受煎熬的高中生朋友以快乐、自由和梦想成真。直到此刻，当我们把这些高等学府优秀学子们的学习心得及心路历程结集出版成书时，我们绷紧的心弦才得以松弛。

　　用真诚作注，这是我们始终不遗余力的方向。因为我们懂得，此时的你们最需要的是真诚的理解和宽容的关注。虽然高考会让年轻的你们不堪重负，但人生是一个漫长而精彩纷呈的旅程，我们又何苦苛求一时的成败呢？

　　当然，这不是让大家回避高考，而是要淡然处之，坦然面对。况且还有许许多多走过高考的"过客"站在你们面前，成为你们的参照，给予你们以指导。

　　诚然，踏入大学之门，并不完全是人生价值的体现。但，作为"十年寒窗"的终结，大学依然是众多学子为之奋斗的方向。因此，面对高考，许多考生困惑、迷茫、无所适从，进而走入极端。所有这些都令我们深感痛心，帮助这些学子们早日从这种烦躁不安的困境中解脱出来，并走向成功，正是我们出版此书的目的所在。

　　或许，这点滴之言，于你、于诸多学子并不能裨益其全部，我们也没法将高考的奥妙尽收录其内。我们怕的就是偏见，因为每一颗年轻的心都喜欢憧憬快乐的人生，可生活的故事充满了喜剧与悲剧。你

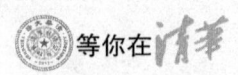

们是主角，我们教你走向成功之时，也应教你坚强，敢于面对失败。磨炼脆弱的本身，不也是你人生一个成功的伊始吗？

本书的每一篇文章，经过了精心的挑选，内容尽其所能地为高考中的处境提出了解决方法，其中不乏精辟而独到的见解。这些优秀的天之骄子字语之间充满了对后继者的关爱之情，也言表出对往昔生活的留恋与缅怀。

对于美好的学生时代，即使是高考在望，我们也应以平常心对之。太多的名利于心，会让你背负过重的包袱，于高考、于人生不利。在众多的高考话题中，我们的目的不在于渲染它的利，而是防其弊。因为人生就是一个不断地起程、不断地上路、不断地回首的过程。

看看这些优秀学子可爱的文字吧，在风雨来临之前，他们对学习、生活的态度，是否值得借鉴，让你有所感触？因为，他们刚从这"围城"中走出，而你们却正在朝这"围城"走进。要知道，我们多想设更多的路标，只为不再有迷途的孩子！就让我们扫尽荆棘，把路踏得更平些吧，即使成功是那样遥远而艰苦。

以此之心，换彼之心。我们多希望这本书能帮助你顺利通过高考，并走向成功。就让我们和你一起上路吧！——为你的明天喝彩，并祝愿你走向成功。

相信自己吧，因为这里有我们的期待——

等你在……前面！

编　者

目 录

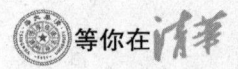

姓　　名：夏云昶

名　　次：吉林省磐石市理科第二名

院　　系：清华大学自动化系

毕业学校：磐石市第一中学

业余爱好：打篮球

人生格言：尽心做事就是成功。

认为学习最重要的是：活学活用

高考成绩：689 分

读书要有技巧

　　在 2012 年的高考中，我幸运地考上了清华大学。清华的校门能向我敞开，是与我平时稳定的学习成绩分不开的。对于我以往的学习生活中的一些学习经验，我愿意把它们奉献给将要迎接高考的广大考生。

一、确立一个明确和实际的目标

　　明确的目标在学习生活中所占的地位，就如海上引航的灯塔。对高考而言，每位考生可以选择的目标很多，许多个灯塔同时立于海上，这种情况下，如不确立一个明确的目标作为指向的话，很可能就会走弯路，甚至与自己最终的目标背道而驰。

　　以自己的兴趣和特长为基础，把目标定在发展自己专长的基础上。兴趣是自己最好的老师，有了它，才能使自己的学习更有动力，也更有发展前景。在此条件下，慎重地选择一所自己希望中的学校作目标，最好能抽时间到学校去参观一次，以增加自己的感性认识。确定一个自己经过努力可以达到的目标，既不过高地估计自己的能力，也不过低地估计自己而使自己松懈。

有一个正确、实际的目标，是今后能够更好地发展、学习的第一步。

二、立足课本

"立足课本"这个观念似乎与现在人们所提倡的素质教育相违背，现在的高考也在向素质教育的方向逐渐靠拢，那么是否仍有必要死死抓住课本不放呢？当然有必要！要知道，课本是高考所有知识的根本来源，考试大纲上所规定的所有知识点均在课本中体现。课本是我们接触最多的资料，同时它相较于其他的参考书而言，是最精炼、最权威的。它的含金量最高，也最值得我们去开采、提炼。

有的同学说，课本知识太基础、简单，是不能够适应如此激烈的考试的。我不这么认为，课本的知识是基础不假，它的确没有习题册、辅导材料中介绍的那些令人眼花缭乱的解题方法和复杂解题技巧，但它的简洁正好为我们从那些复杂的解题方法中提炼出了它们之间的相通、相同之处，课本知识是它们的精炼与升华。古人云：万变不离其宗。这"宗"就是那些凝练的课本知识了。

题海战术的事倍功半已为人所共知，盲目地记忆解题方法与盲目地记忆题目同样有害。题目越出越新，越变越活。每一个知识点所派生出来的题目与题型越来越多，而这不断膨胀的记忆量使得任何一个高中生都感到难以应付。盲目硬干的最终结果只能是失败，进而导致自信的丧失，对考试畏惧的上升，而使成绩越搞越糟。与此相反，高考的几门课程，知识点总计不过千余，足足 6 年的准备，绰绰有余，而将这些知识点稍加组合推演，即可成为一道道活生生的题目的答案。

立足于书本，牢牢地掌握住每一个知识点的精髓，积累愈多，使用愈久，自然解起题来就能得心应手。

三、贵精不贵多

对于绝大多数考生而言，课本内的习题是不够的，因此想要在高考中获得成功，几本高质量的练习册是必要的。多数同学在做习题的时候，以求量为主，匆匆做完，而不注意总结吸收，无形中走入题海战术的陷阱。而这样做，时间一长，必然导致身体过度劳累，精神持续紧张，学习效率下降，成绩难以得到有效的提高。我在高三学习中，采取精选、精做的原则，附以题后思的方法，收到了良好的效果。精选，是指在众多的习题册中选出最适合自己实际情况的一两本，细心做完。而精做，是指细心做完所选的练习册后，用心体会练习册内的知识体系，了解作者的侧重点以作参考，因为每一本书都是一套完整的知识体系，细心体会可以弥补你所不曾认识到的地方，可以起到不断完善的作用。而题后思考的习惯是能够提高知识熟练程度、加深思维深度、增强自己思维严密性的一种行之有效的方法。所谓题后思考，就是在每次做完一道题后，花一定的时间用于回顾刚才做题时的思考方式、思路的形式以及思维为何在某处出现障碍，之后是如何解决的。刚开始做题后思考的时候，可能会很慢，但随着不断地重复使得速度不断加快，最后大约每次只需花费 10 至 20 秒而已。

做题以精取胜，同前面谈到的知识以精取胜是同一策略的不同应用，目的都是一样的，就是以最低量的但效率最高的方法，取得最大的成功。

四、冲刺复习，唯"勤"而已

高三最后一年的复习生活对大多数地区的考生而言实在是既苦累又乏味。每天大量的习题与超长时间的学习，使得高三生活在许多同学眼中如同地狱一般，从而导致了同学们对学习的一种厌倦感，甚至自我的放弃。的确，尽管大学连年扩招，但高考的竞争激烈程度丝毫没有减弱，备考复习也是一年比一年细致，同学们的自由也在随之不

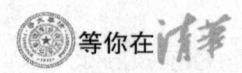

断被压缩。但高考毕竟是我们继续学习的必经之路，抱怨与放弃最终都只能使自己丧失了继续深造的机会。"狭路相逢，勇者胜!"走过高考这座独木桥的根本所在，唯"勤"字而已。我自己对这"勤"字的理解，共有以下几点：

（一）高三复习，要做到勤于动脑，争取在 2~3 个月的时间内，完成对高考要求的知识点进行一次系统而深入的复习，做到不留死角。接下来再用 2~3 个月的时间，完成对极重点的知识的深刻的思考，做到真正的深入、透彻。

（二）在复习过程中，要辅以较大量的习题，这时要勤于动手，有了两年多的积累，使得同学们对于许多习题类型都已经建立了明确的解题模型，以至到了高三，许多同学，尤其是成绩好的同学经常以眼代笔，看看就算了。但现实的高考不但考查知识运用的灵活性，也考查掌握知识的熟练程度，因此勤动笔以保持一定的解题速度是十分必要的。

（三）勤发问。高三复习，整个高中的知识全部串在一起，综合性大为提高。这时，不理解的问题也会更多，勤发问可以更高效地解决这些问题，相较而言，查书的效率就很低了。

五、静心迎考

六月将至的时候，每个考生的心中难免会升起一股紧张、急躁的感觉。同时由于全面复习的结束，自由复习开始，许多考生禁不住开始幻想大学的生活，忘记了进一步巩固自己的成绩。而这些对迎接高考而言，都是一种不好的心态。

以一分平静的心态去迎接高考，急躁和慌乱将会影响你水平的正常发挥，而做到静心应注意以下几点：首先，随着同学们复习的结束，学习成绩有了很大的提高，因此许多同学对自己提出了更高的或不现实的要求，明明自己三次模拟考试的平均成绩不足 600 分，却偏偏想要以其中得分最高的一次作为自己高考的标准，总希望高考题目

— 4 —

能顺着自己的思路走，把自己的理想院校一升再升，最终导致期望过于不现实而在高考的过程中丧失自信，发挥失常。因此，要做到静心首先目标要现实。现实的目标不等于低目标，它是你能力范围内的最佳选择，这样确立目标可以有效缓解高考所带来的压力，使自己从容镇定地走向考场。其次，高考之前，为了保持自己的学习和实战状态，每天都应当进行一些自我的模拟测验，以免自由复习过后，自己变得"手生"了。可此时选题很不容易，再像从前那样随便，则很可能选到一套难度相当大的习题，一次成绩不好很可能会严重影响自信程度，影响高考。而一味地选些十分简单的习题又起不到练习的效果。

能够真正做到静心迎考，你的高考就已经成功了一半。

六、身体是革命的本钱

高考竞争的惨烈与残酷，没经过它的人是无法感受的。随着竞争的日益激烈，它的竞争早已超出了智力的范畴，扩展到心理、体力等方面。我在进行高考的最后冲刺时，班上就有一位学习成绩极为优秀的同学，因为在考前一个星期左右突然患病住院，虽然赶上了最终的高考，成绩却大打折扣，最终以几分之差而无缘清华、北大。高考作为一个一次性定命的考试来说，人人都会留下或多或少、这样那样的遗憾，但如果最终的失败是由于身体原因的话，那将是所有遗憾中最大的遗憾。所以各位考生应在紧张的学习之余，加强自身的体育锻炼，增强体质，为高考做好最后一层准备。

我能够考上清华，靠的不是运气，我也没有天才的头脑，我凭借的只是勤奋、刻苦和一套行之有效的学习方法，靠的是自己顽强的品质、坚定的信念。这些是每个人都可以拥有的东西。希望我的话能对广大考生有所助益，能使后来的学子们少走一些弯路。

姓　　名：郭　烨

名　　次：河南省开封市理科第一名

院　　系：清华大学电子工程系

毕业学校：河南大学附属中学

业余爱好：足球，看书

人生格言：百川东到海，何时复西归？少壮不努力，老大徒伤悲。

认为学习最重要的是：有毅力

高考成绩：665 分

学习深处的记忆

记得刚入高一时，每每考试总是只在及格线上徘徊。那时的我迷惘极了，不知为何成绩一泻千里，可是那股不服输的意志主宰了我，我暗暗下定决心要将成绩提上去。经过高中三年的刻苦学习，终于见到成果，我来到了清华，来到了莘莘学子都梦想的一流学府。无疑我是幸运的，但幸运中也蕴藏着必然，我愿以我自己两年来奋斗的历程，给每一位即将参加高考或终将参加高考的学子们介绍一点心得，一些体会。

一、人贵有志

学习需要一种志气、一种精神，没有精神，即使学习方法再好，也不能发挥实效，诚如中国足球队屡战屡败，关键就是缺乏一种志、一种为国争光的精神，以至于中国足球无法冲出亚洲、走向世界。学习也是一样，需要一种刻苦学习、勤奋钻研的意志。古语曰："不是一番寒彻骨，怎得梅花扑鼻香?"要成就一番学业，就要有一股子钻劲，这是我们学生首先应具有的素质，即古人说的"本"。所谓"皮之不存毛将焉附"，那么"本"之不存，学业又从何谈起呢? 所以我觉得我的成功首先得益于这种精神。

二、学贵有恒

曾经在书中看到席勒的一句话："只有恒心可以使你达到目的，只有博学可以使你明辨世事。"这句话蕴含了两层含义，一为学贵有恒，二为博学之益。在树立了刻苦学习的精神后，学习便成了一个连贯的动作，是一环紧扣一环的。如果今天的事总想留给明天做，那么"万事皆蹉跎"。我在高三学习时，总觉得老师留的作业太多，简直超乎我的负荷，于是开始时我总想留给明天老师讲题的时候做，那么老师讲上一题，我便可以做下一题，这样不是既不耽误时间，又能提高效率吗? 可是几次下来，我发现老师的精粹之处，我总是与之"擦肩而过"。等一段时间后发现题又做错了。从那时起，我坚持将每天老师布置下来的作业完成好，上课时因为已有一遍印象，老师讲起来，我就细心品味，理解个中规律，使我进一步掌握学习中的解题思路，对于同类问题就可以举一反三。如果没有高三那持之以恒的学习，今天的我就不知在何处了。

三、学思并进

孔子曰："学而不思则罔，思而不学则殆。"孔子揭示了学思之间密不可分的关系和学思并进的重要性，假若每天只做大量习题，而不去思考这些题中的内在联系或解题思路，想必会一无所获。我是一个比较爱思考的人，不喜欢反复做同样的题型，每遇一典型题型，我就会注意整理解题的思路，从哪下手，哪是关键，久而久之，便能准确地掌握各种题型的解题方法了，到了高考复习的中后期，我跳出了题海战术，节省了许多宝贵的时间，同时经过思考后，东西更是记得牢固了，反而比题海战术来得有效。养成思考习惯对于我今天的大学

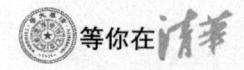

生活也是有益的。

四、学则须疑，疑则须问

学习中必然有许多问题，对待这些疑问无外乎两种态度：一是逃避以求一时的轻松逍遥；二是正确面对，解决它们。可真正能做到后者的又有几人？每当我们上自习课时，老师总会出现在教室里为同学们解决问题，但请教者寥寥无几，是真的没问题吗？不是，是不敢问，怕老师说。然而不知终归是不知呀，颜元说得好："好问好察，互所以益圣；冥行耻问，愚所以益愚。"有问题及时解决就得敢疑、敢问，只有这样，才能解决不明晰之处。

对于高考，我的感觉与大多数人相同，一方面惧怕它的来到，一方面又希望它早点来到，以求结束永无止境的忧郁症，获得身心解放。但养兵千日，终有用兵之时，面对高考，谁又能不紧张？高考可以压抑人的正常能力，但是也能发挥人的潜能，关键在于高考应试心理准备，我的成功很大一部分就靠了这个。

首先，考前我就非常重视对自己应试心理素质的培养。把每次模拟考试作为试验场，将其视为与高考同等重要，而到了高考考场，反视为模拟考试一般。尽管它重大，但终究只是场考试。同时我也非常重视"开门红"——将第一门考好，这非常有助于知识水平的正常发挥。

其次，考试时要讲究方法以及做题的程序。一般来说，先易后难，循序渐进，一方面要保证小题不失分，同时等小题攻完后，心理也平稳下来，再做大题就基本能得心应手了，思路也开阔了。千万不要在一道题上磨蹭、浪费宝贵的时间，造成终身遗憾。

再则，考试时要注意审清题，不要因紧张看错题而失分，影响到整个成绩。我在做完题后，总要留下 10 分钟检查书写或题意不清的题，这些都是我补漏的地方。答案比较准确，书写上也未出什么问题，分数自然就高了许多。

　　高考结束，紧接着另一道关就来了，这就是填报志愿。考试后的估分很重要。在估计出一个总的成绩后，先应该与老师、同学们交流一下，老师一般都有这方面的经验，可以帮你做个参谋。然后再在填报志愿中选出与自己分数相当的学校以及专业。同时应该分析一下全省或全市的排名估分情况，确立自己的位置，这样可以防止高不成低不就的尴尬局面。还要注意与全市的尖子生错开报考学校或专业，以免"碰车"。

　　经过长时间的等待，高考通知单终于发下来，看着印有"清华大学"的信封，我们家都为我高兴，三年前的凤愿终于实现了。

　　今天，回想起我的高中生活，想对每一位考生说，路就在自己脚下，只要你付出，就会有收获。

　　祝每一位考生高考顺利！

姓　　名：王　炼

名　　次：湖南省邵东县理科第一名

院　　系：清华大学工程物理系

毕业学校：邵东三中

业余爱好：足球

人生格言：一个人如果做事没有恒心，他是任何事也做不成功的。

认为学习最重要的是：兴趣

高考成绩：661 分

漫漫学习之涯

那是难忘的一天，当接过清华大学的来信，手里捧着一份沉甸甸的录取通知书时，心中不禁感慨万千。十多年的寒窗苦读，高考前紧张的冲刺历历再现。而今回首往事，更是多了几分体会。记得我们的语文老师常说："高考就像一座独木桥，总是几家欢喜几家愁。"的确，每年都有大量的考生落榜，就连我的同学也颇有几例。然而，并不是每一位落榜的同学都是学习平庸者，也有相当一部分是由于考前准备不充分，考试时发挥不理想，当然志愿填报不合理更是不乏其人。所以说，正确的学习方法，充分的应试准备以及合理的高考志愿是高考成功的重要保证，也是决定性的因素。

冰冻三尺，非一日之寒。学习同样如此，每一个学习阶段对高考都是重要的。

有的同学总是抱怨：学得真是没劲。其实，这样简单的一句话，恰恰反映了许多人对学习，尤其是对某些科目缺乏兴趣。然而，学习兴趣可以说是学习的一个极其重要的动力源，有兴趣去学习和没有兴趣去学习，其效果差别是明显的。

记得我们初二上物理的第一节课，老师一开始就对许多奇妙的物理现象大加描绘，其中一个问题深深地吸引了我。我还清楚地记得，老师当时问："同学们，大家可能都看过战争片，注意到没有，飞机投弹总是离目标一定距离就开始投，炸弹自行飞一段距离才击中目标，这是为什么呢?"就是这样一个现在看来十分简单的问题，却着实令我觉得物理的确十分有趣，同时也下了一定要把这门课学好的决心。

当然，兴趣不可能都在一件事中一下子建立起来，我所强调的是要注意在生活中、学习中努力培养自己对学习的兴趣。有了兴趣，就会觉得学习轻松了许多。

以前总是听老师说："学习要学会举一反三。"当时不是很理解，如今步入了大学，才体会到其中的含义。比如说做一道题，如果你仅仅是会做这一道题，那只能得 60 分；如果说你从这道题中掌握了解此类题的方法，那就应该得 100 分。这就是说，学习学的是方法，是技巧。

在高考的复习中，老师总会不厌其烦地把各种类型的题一遍又一遍地讲，然而，如果自己没有学会去分析题目特点、去对症下药，那么一遇到考试必定铩羽而归。因此，每做一道题都要去分析这是一道什么类型的题，这种类型的题应该怎样解。久而久之，即使遇到一些类型较隐蔽或者是几种类型相结合的综合题，也会

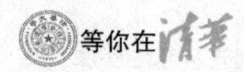

迎刃而解。

由于同学间的竞争很大，因此每个人都会在老师要求之外自己给自己开小灶，买些参考书，自己抽时间练习。然而，这种练习也是要讲方法的。

首先一点，是参考书的问题。书贵在精而不在多。有的同学买了一堆堆的书，看见什么《考点分析》《高考指南》之类的书，就如获至宝地买下了。这样不但浪费了钱，而且自己面对做不完的题也会无形中产生一种压力感。所以，在买参考书时，如果能有老师的指点更好，自己买时，也要注意它有没有自己的特点，是否针对性强。对一些为了赚钱而东抄一个题西抄一份试卷而拼凑的书，还是不要买为好。

其次，自我复习要有系统性。有的同学喜欢一上自习就带本辅导书，有了时间就翻开书随便看一看，做上几个题。其实这样效果并不好。辅导书一般都是有条理的，从头到尾自成一体，同学们可以选择与老师同步自学，也可以有计划地整体自我复习一下。这样，一方面巩固了老师所讲的内容，另一方面也可以发现一些自己疏忽或老师提到的而自己又不会的问题，切实地充实自己所掌握的内容。

另外，自我复习还要有针对性。有的章节，有些类型的题，自己总会感到不太理解，或是自己容易出错。其实这就是自身的薄弱环节。那么，在复习中就应该加强对这一环节的学习，不要平均分配精力，"面面俱到，而一面都得不到"。

在这里还应该强调的一点是，学习中应该多问。无论在老师的讲授中，还是在自我复习的过程中，都会遇到这样那样的问题，正如古人所说"人非圣贤，孰能无惑?"因此在高考复习中，我们不能轻易放过任何一个自己不懂的问题，特别是不能积累一个又一个的问题而不问。问老师或是与同学交流，都是可行的途径。

在学习在同时，还应该注意锻炼身体。以前人们常说：身体是革命的本钱。那么对于我们学生，特别是面临高考的学生来说，身体就是学习的本钱。有了好的身体，才可能有好的学习。我们的大脑是需要休息的，不能长时间工作。而体育锻炼就是一种极理想的调节，一个光知道学习的人是不懂得学习的人。

体育锻炼不仅平时要搞，考前也是有必要的。我们同学间常流传着"小考小玩，大考大玩"这样一句话，其实从一个侧面反映了考前放松调节的必要性。记得高考前几天，学校放了假，于是我们班自发组织和文科进行了一场足球对抗赛。不但队员去了，全班还去了好些人组成啦啦队。场上一片你攻我守的激烈场面，场下也是一阵阵欢呼与加油声，完全把高考的紧张与压力抛到了脑后。

以上说的都是一些总的方法与建议，下面我想谈一下英语这一具体的科目，因为许多同学，理科都是顶呱呱的，语文也还凑合，就是英语屡次不及格，当然到了高考也一样，这样就会把总分给影响了。然而一谈英语，同学们就会牢骚满腹：单词记不住，语法太多都搅糊涂了，短文阅读不认识单词不说，就算单词都认识也不一定读得懂，至于作文，拼凑一些句子听天由命了，特别是改错题，总觉得一个错也没有。其实，学英语的天赋无关，是一个学习方法的问题。

第一，英语要多读，要从大量的阅读中找语感。每天早晨花上一刻钟读一篇课文，远比做一两个题有用。久而久之，语感有了，理解语法就有了保证，特别是改错，一读就知道哪错了。

第二，背单词也要讲方法。单词不能像记字母一样去背，而是要根据音标、结合课文背，而且要多巩固。可以说，单词是考好英语的基础。

第三，作文也要讲类型、多练。英语作文也无非应用文、小议论文、叙述文等几种，掌握了格式，多练几篇，就不愁出题的人能考到什么你做不好的。

对于到了临考阶段的同学，填报志愿也成了头等大事。那么如何填报志愿才能算一份理想合理的志愿呢？我想有以下几点值得同学们参考：

首先，要认真分析自己的情况。每个人都有自己的兴趣爱好，可以说爱好是填报志愿的出发点之一。还应该分析自己考试一向发挥得如何，是正常呢，还是老发挥不好？这对报志愿很关键。另外，还要考虑自己的家庭情况。

其次，要在学校与专业之间找到平衡。好学校的一般专业和一般院校的好专业有时相差分数不多，这就需要根据专业的发展前景、个人爱好、学校的情况来决定。

再有，切忌所有志愿都具有较高风险值，同样也不要都唱低调。比如说，一个考取一般本科较有把握并有冲击重点院校可能的同学，如果他一类报了个具有风险的，二类就要较稳一些。

再次，为自己设计退路也很重要，不要把精力全放在想报的学校上而忽略了退路。比如我报了清华，那我想考不上掉了下来也得掉个好的，因此报了南京邮电大学，当然即使掉了也不会十分遗憾。

　　当然，报志愿更重要的是要与老师多商量一下。

　　步入大学后，发觉大学原不像自己所想的那样是人间天堂。在大学中依然要承受各种压力，而且还要适应新的生活，要进行新的竞争，还要逐步面对社会。

姓　　名：李彤宇

名　　次：河北省理科第六名

院　　系：清华大学工程力学（钱学森力学班）

毕业学校：衡水中学

业余爱好：看书，旅游

人生格言：生如河流，我从不怕逆水行舟。

认为学习最重要的是：做任何事，重在其过程，而不在其结果

高考成绩：699 分

高三这一年应该怎么做

　　每每回忆起高三那段难忘的时光，许许多多的细节仍然记忆犹新。我想，在这个时候，能把我在高三时所积累下来的一些经验说与正准备参加高考的朋友，而且能起哪怕是一丁点作用，我都将感到不胜荣幸！

　　高三的一年，是紧张、繁忙和有序的一年，激烈的竞争甚至使我们暂时忽略了周围的许多东西。从早到晚，所有时间都派上了用场，那个时候，我惊奇地发现我那么好学，那么勤奋，与往年大不相同了。所有的努力，都朝着一个共同的目标，那就是：在高考中取得对得起自己的成绩。

　　结合我的亲身经验和感想，以下我将分成两大部分给大家介绍我在高三这一年的体会。

一、心理素质方面

考试不仅仅要考知识，同时也考心理素质，这是尽人皆知的。心理素质跟不上，再聪明的脑子也枉然，在我看来，心理素质是最难提高的。为什么呢？原因大致有这些：它和一个人的经历有关，那些经过沙场浴血奋战的士兵，是不会害怕公交车上拿刀抢劫的歹徒的。同样，考试考了很多，过五关斩六将过来的学生，往往对考试看得很轻，因为他知道，进了考场，出来时留下的必定是胜利。能有这种感觉，都是从考试中一点一滴总结经验、吸取教训而来的。暂时的失利不去考虑，看重的只是为什么会失利、下次该注意什么等。我个人认为，在这方面我是有些优势的。考试前，我从不看任何笔记、课本、资料，身上带的只是水笔、铅笔及橡皮。看着其他同学全副武装的样子，我都想问问他累不累啊。说了半天，这种感觉具体是什么呢？用文字描述大致是这样的：平时上课觉得很耗精力，因为该记、该懂的东西很多，又不能有所放弃，所以上课、上自习的时候会觉得时间飞快，容易疲劳。在考试时就不一样了，我觉得考试是种放松，把自己懂的东西往纸上一填就得了。在平时刻苦，在考试时不会做的就不会有很多。当一张试卷被填满时，往往也会产生一种成就感，所以不紧张，也不兴奋异常，也就是人们常说的：保持一颗平常心。为何能拥有一颗平常心呢？我说过，心理素质的提高是比较难的，但并不是没有办法，你曾经仔细注意到考完试后你的行为吗？你是急急忙忙找同学对答案、找老师问情况，还是忘掉考试去打球、去逛街或干别的？如果你属于第二种，那么我想你在心理上是较过硬的，如果你属于第一种，而且一贯如此，那么你该注意你在这方面的缺陷了，补救的方法是立即抛弃原先考完试后的种种陋习，如对答案、四下打听、念念不忘考试中没做好的题等。高中的考试中间无间歇，上午一门，下午又一门，明天又一门，所以稳定是发挥正常的关键，改掉某种习惯不

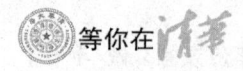

是一下子就可以改掉的，须时时注意，用意识建立新的习惯，只要肯付出，我想是会有进展的。同时，改正陋习还不够，在生活当中也要注意类似情况，如情绪不稳定，易受外界刺激，而且反应大，掉了一元钱就懊丧不已，这些都是不好的现象。而且就我的体会，在高三紧张的时期，是很容易染上这种毛病的。克服这些毛病最好的方法莫过于时时想快乐的事，多参加球类活动，而且尽量是群体球类，如排球、篮球等。一个人开朗时对很多事都容易想得开。我经过这一两年也逐渐发现，上面的话不仅适用于高三，而且适用于任何时候的日常生活。当你进入大学后，更能感觉到适应群体生活的能力相当重要，而往往是开朗大方的同学备受大家的欢迎。心理素质决定着你的发挥，许多同学平时学得挺好，一到考试特别是高考就考砸了，这是很可惜的。忘掉失败和胜利会带来什么后果，分析失败和胜利的原因，这才是是正常的心理反应，你是否一向是这样的呢？

二、学习方面

在整个高三，学习成了重要无比的任务，任何活动、任何计划都围绕这个中心而设置，如何提高学习效率、如何提高学习成绩是中心的中心。根据我的感觉，若要提高学习效果，学习时必须聚精会神，这是最起码的。学讲究先精后广，比较忌讳的是不了了之，不肯花力气弄懂自己不懂。多问、多请教能很好地弥补自己的不足。著名改革家商鞅有句名言：上者尽人之智，中者尽己之智，下者尽己之力。你是愿意当上者呢，还是当下者？同时我比较推崇这么一句话：学习不靠别人，要靠自己摸索出一条适合自己的路子，听别人介绍学习方法，很可能不适合自己，甚至误入歧途。我说的是学习方法，这与学习时采取何种方法解决问题是有区别的。另外有一点颇有感触：当别的同学向你讨教问题时，尽量倾力相助，你应该抓住这个机会，把问题当成是考你的一次机会。你重复你懂的问题，就更加深了你的印象，这是巩固知识的好手段。若碰上你不懂的问题，这便成了扩大知识的机会，总之这是好事，不要只顾埋头自己的事，失掉一次机会，就失去了别人对你的信任，同时也就失去了更多的机会。

至于参考资料，我感觉老师布置的题都做不完，买的资料基本上没动过。

应试技巧是考生应谙熟的而且很重要的一门知识，我们的老师也和我们说过许多，大体上是答题顺序，把握时间，处理解不出的难题等。下面就介绍一下我是如何答卷的。

卷子发下来，首先检查卷子页数是否齐全，然后迅速填好姓名、准考证号等密封线内的项目。在铃声响之前先浏览一遍卷子，我有个习惯，我浏览卷子从不看最后几道题是什么，因为我会担心影响我的正常思路。开始答卷后，选择题尽量做到全对，而且限定时间，这些都是平时养成的习惯。在考试这个特定的时间内，已不是学习了，而是付出，有多少奉献出多少，碰到拦路虎跳过就是了，大局为重。为了避免到末尾忘了跳过的题，就在稿纸上记下题号。我想这并不多余，因为时间往往很紧，经常一收笔便打铃收卷。草稿纸的使用也很讲究。这不是可有可无的，草稿纸上记下的不只是算出的数据，还记录下了你的思路，整齐的草稿有利于检查结果，发现问题所在，合理分配使用草稿不仅能提高效率，也能使有限的稿纸充分发挥作用，切不可浪费稿纸，监考老师不会老给你递稿纸。再说举手叫老师、等待老师会浪费时间、打断思路，这是不可取的，所以平时就该注意草稿纸的利用问题。我在这方面比较早地就注意到了。

上面说了那么多，也没切入什么重要问题，我在想，学习方法是无法说是好是坏的，各人有各人的情况，不好照搬别人的方法，或者说是模式。我要重点说的，在于一些细琐经常不引人注意的方面，进入大学也有一段时间了，成了那类过了独木桥的人，以后的高考如有

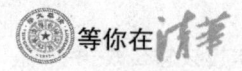

变，也不关我的事了，但每当我看到那些回过头帮助还未"挤过桥"的朋友，都会想，或许我也能在这方面说几句话，暂且当作凑热闹吧。

最后，在对待高考成绩上，既然木已成舟，是什么样就什么样，根据感觉填志愿。祝每位朋友高考成功，鹏程万里，直上云霄！

姓　　名：刘子仪

名　　次：黑龙江省理科第三名

院　　系：清华大学经济与金融专业（国际班）

毕业学校：大庆铁人中学

业余爱好：游泳

人生格言：人生当风雨兼程，永不停歇。

认为学习最重要的是：培养学习习惯

高考成绩：694 分

浅谈高中的心理素质

高考，现阶段仍是大多有志青年成才的一条必经之路。如何顺利通过这一人生大关，已成为每一位高中生关注的话题，下面是我的一些小意见，提出来和大家共勉。

我用一句话来概括我将要说的内容，那就是："心中有真意，稳坐钓鱼台。"就是说，心理素质好，见过大风浪，遇事不惊，临险不惧，沉着自若，才能稳坐钓鱼台，顺利通过高考。

大家都知道，现代人才都讲高素质，而高素质则包括身体素质、心理素质和知识文化素质等多方面的内容（这里我们仅列举与我们话题相关的几种）。身体素质是基础，弱兵不上阵，瘦马不能驮，没有健康的身体是不行的；知识文化是关键，肚里没货考什么？巧妇难为无米炊；心理素质是增强剂，它的作用是如何将人的各种能力尽致发挥。打一个比喻，如果说人的各种素质构成一台电脑，那么身体素质

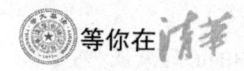

则是硬件，知识文化素质则是软件，那么心理素质则是电脑的操作系统了。没有好的操作系统，电脑的效率就不高，会出错甚至会死机。同样，没有良好的心理素质，演说家也会怯场，技术再棒的运动员也可能遗恨赛场。对此，我有着刻骨铭心的体会。高中时，我对心理素质重视不够，忽视了对心理素质的培养，总觉得知识学到手，能吃会喝、病不缠身就足矣，还说："七料五汤俱备，还怕菜炒不香？"后来，"菜"还是炒得不够香。高考时，差点翻了船，清华，几乎"只在梦中萦"了。要知道，平时我成绩不错，可一上了考场，脑子里的东西就像满地西瓜一样乱滚，手中的笔也和我作对，我想写横它偏画圈，吓得我是冷汗涔涔——一句话：我怯场了。溯本追源就是心理素质不够好，碰不得硬。直到现在，心里还是扑腾扑腾乱跳。后来，我花了几个晚上的时间思考，才总结出我的经验教训中最精华的一部分：必须具备良好的心理素质。

心理素质就像厨房里的盐，人们就餐时只看见鱼肉没看到盐，但没有了盐，任何高明的厨师只能在脑中用意识烹饪他的美味，而无法使之"陈于桌，食于人"。高考也是这样，光有这定理那定理，如果没有良好的心理素质作为前提条件，它们也只能是做不成好菜的肉块而已。

在我的经验当中，毅力、自信心和做事的条理性是心理素质的三大内容，坚强不屈的毅力、切实可行的自信和循序渐进的做事方法是成功的必要条件。

毅力，是人们谈得最多的词，在这里，我绝非随大流附风雅，乱说一通，而是我觉得它重要才将之列为首位。毅力的含义我想大家一定很熟悉，不必赘言。至于如何在短时期内增强自己的毅力，我觉得这样一种方法不错，那就是，从小事做起，从身边每一件事做起，必须坚持不懈，而坚持本身就是一种毅力。我们不强求有关羽刮骨疗毒那般铭心刻骨，但我们必须从心理上做那样的准备。参加长跑，当你完全跑下来时，做一件难事，当你顺利完成时，我想你的心情会无比兴奋与满足。世上有这么一条不用证明的公理：人们完成一件事时，其收获与这件事的难易程度成正比。我们且引用一游戏名词，称这种收获为"经验值"，即毅力所获得的表征值。

培养良好的心理素质，毅力是不可缺少的，同时自信也是得力干将。相信自己的能力，相信自己的运气，相信自己的前途。一位哲人说过这么一句话："一个人，如果连自己都不相信，那谁还会相信他？"毛泽东也曾气宇轩昂地说："自信人生二百年，会当水击三千里。"但同时也应提防自信心理的癌变——自大。德国哲学家尼采就自大，在把自己比作光彩夺目的太阳中发疯而亡。

对自信的评说，我有自己的亲身体会，不过我说的不是自信如何好，而是说，不自信是多么不好。曾经有段时间（当然是指高中时期），我的数学考得很差，连续几次下来，我最终不自觉地怀疑自己的能力，越想越慌，严重时看到数学竟如惊弓之鸟，每次考试虽是"屡败屡战"，但还是"屡战屡败"。虽然我知道我知识结构上并不存在问题，但仍是败局不断，我只能无情地给自己下了判决书：我害了"否定自己"病，不相信自己，在这种心态下，任何本事都要暗淡。或许有人会怀疑，成绩好的同学会有不自信的时候？事实恰恰相反，成绩越好，产生不自信的机会就越多，后果越严重，复发率越高！——这也是我为什么费大量笔墨谈自信的主要原因。这些看法，也是我到清华后才有的，相信它们也能为你提供点什么。

此外，"言必信，行必果"也是良好心理素质的一个特征。它在这里的意思主要是针对自身的，即不要轻易原谅自己，不要放松对自己的要求，计划要做的事必须做完，而且还要做出成绩来，否则学习生活就会杂乱无章，效率低下，最终使自己的思维惰性化，在心理上则表现为心绪杂乱，稍有变动就会寻路无门，四处碰鼻子，这可是考试中的大忌！上大学后的前半年，由于我生活计划性不强，整天老唱

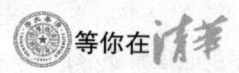

"明天歌"，虽然整天是忙七忙八的，可一天下来，做不了几件事，心里也特烦，对学习自然有影响。所以我以为，订计划和按计划做事很重要。

关于心理素质的话题还有很多，对上面的内容，大家也会有不同的看法。因为有些问题只发生在我自己的身上，说起来，可能主观随意性很大，但这些都是我关于高考的抛砖之言，希望它们能给"身在此山中"的你一点启示，以激活你的心灵美玉。

考场风云变幻，具有良好的心理素质，是最好的"不变"。

姓　　名: 杨雨萌

名　　次: 内蒙古通辽市理科第一名

院　　系: 清华大学化学系

毕业学校: 霍林郭勒市一中

业余爱好: 游泳

人生格言: 生命不息，思索不止。

认为学习最重要的是: 自信

高考成绩: 646 分

海阔天空一片蓝

糊里糊涂地，我就闯过了高考。我们已经走过了长长的道路，只要每一步都踩得坚定而踏实，没有理由会在这最后一步不精彩。

一、立志高远

一个人所怀有的信念，也可以说是理想，会对一个人的行动产生巨大的影响。也许有的人会说，让每个人都抱有上北大、清华的信念是不现实的。确实，上北大、清华对于大多数高中生来说，都像是一个美得有些迷离的梦。可是，为什么我们不能给自己定下富有挑战性的目标呢？为什么我们要安于现状、过"四平八稳"的生活呢？在看似遥不可及的理想前，我们都会怯懦，都会找出千百条说"不行"的理由。其实我们需要的，仅仅是一点勇气和不服输的精神去向着目标努力。

我们都可以凭着一种"舍我其谁"的闯劲为自己闯出一片海阔

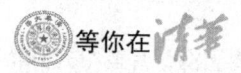

天空。

二、态度决定命运

在学习的长路上，我们会路过高山、路过沙漠、路过幸福、路过痛苦、路过生命中漫无止境的艰辛与孤独……在所有失意的时刻、在所有焦躁的时刻，是什么让我们重新振作，坦然直行？是正确的态度。

高考虽然残酷，却也是我们不得不去面对的一道关口。所有的逃避都是自欺欺人的，与其在反复的咒骂和懊恼中做"鸵鸟"，还不如积极准备去冲锋陷阵。"我必须去面对它，而我能够成功。"我们一起默念这句话。

此外，在学习过程中，一定要戒掉浮躁的毛病，我们需要更踏实地完成每一项学习任务。对学生来说，不可能100%地完成老师布置的每一项任务，你如果只能做到70%，而另一位更踏实的同学能做到90%，那么这20%的差距反映在成绩上就会令你跌破眼镜。所以，只有踏踏实实地学习，踏踏实实地看书，把每一个知识点吃透，把每一道题玩熟，才能使自己的学习不断提高。

三、玩题玩出感觉

作为理科生，大家都很关心如何做题这个问题。对此，我有几点看法：

（一）题量一定要加上去。没有一定题量的保证，你的运算、思维都无法得到锻炼。只有当你见了大量的、各类型的题目时，你才能够领悟到如何化繁为简、如何向已知模式转化、如何做到举一反三等窍门。没有量的铺垫，就没有质的飞跃，我们不能打着"减负"的幌子而偷懒。

（二）做题要有选择。虽然要求做题的量，可我们也不能不加选择地做。对于每一道题，我们自己都应该略加分析：它的难度档次、它的题型、它的出题点……那些体现较好解题思路的题一定要着重加以分析、研究。

（三）善于总结。做题一定要常常总结，不要只追求答案，要注意对思路加以总结。对每一道好题、错题都要反复研究，吃透，这样才能明晰思路，了解自己的不足。大多数情况下似乎懂了，实则没懂，似是而非是学习的大忌。

（四）一定要重视基础。做题时不要一味求新求异而忽视了基础题。很多基础题看似平淡、陈旧，其实蕴涵着重要而朴素的解题模型。这些模型经过变化能组装形成一些高难度的大题。

以上的看法是我个人的一些体会，真正的"诀窍"还在你自己心中。

姓　　名：黄　群

名　　次：安徽省理科"裸分"状元

院　　系：清华大学建筑学院

毕业学校：淮南二中

人生格言：青春虚度无所成，白首衔悲补何及。

高考成绩：698 分

阳光满路，何惧荆棘

虽然备战高考的那些日子正在大学生活的忙碌中渐渐变得模糊，消退去原有的鲜亮色彩，但这幅独一无二的画卷的底稿却早已深深镌刻在了我的内心深处，每一笔都让我难以忘怀。在这点点滴滴的经验技巧背后，总有那么一个信念，随着岁月的流逝愈发清晰：一步步走在备战高考的路上，就是自己在一步步走向成熟。

首先，我想说——高三是一种历练。这条路也许铺满荆棘，也许需要我们脱掉鞋子，光着脚去切身体会，但不要怕苦，不要怕痛，坚持不住了就看看那洒满一地的阳光。还记得老师在一次年级会上说过这样一句话——享受不可回避的痛苦。或许在这一年奋斗的过程中，你在某一方面付出了很大的努力却总是不见成效。比如，语文有一道题是修改病句，我做了许多许多的病句题，还经常找老师做分析，以至于每次考完语文老师先问我：病句题做对没有？但高考前的模拟考试，我基本上就没做对过，然后见到病句题几乎就产生了心理障碍，畏惧，恐慌，不知所措。但没想到高考时却做对了！所以，高三这一年，在你付出任何努力时，都不要计较回报，也就是说功利性不能那么强，否则会让你很失望。但还要坚信世间自有公道，付出总有回报，这回报并不是显性的，也不是及时的，它也许就在你要放弃的下一时刻！

其次，面对高考，压力大是正常的，所以一定要保持一个良好的心态。我想，这是高三的学子们人生中第一次大的考验，经历过后，你会发现自己长大了，变得成熟了。或许有人会想，即使高考失败了，只要我自己很努力，也会生活得很好。当然有这种可能，我也这样想过，但是这句话本应该放在失败后再讲。对于现在正在奋斗的学子们来说，坚持奋斗下去才是对的。

当真正走过来的时候，我才发现自己真的很勇敢。我在高二第一学期末的时候转到了当时新成立的实验班。我们年级理科生1300多人（后来加了复读生就更多了），理科实验班只招40个人。我当时6次大型考试的平均成绩排在全校第39名，于是，我就很危险地进了实验班。其实，当时还是可以选择的，但是我想挑战一下自己，虽然我并不确定自己的选择是对是错，等待我的是鲜花还是泪水。

在实验班的日子远比我想的要困难。或许可以这样描述：前途是光明的，但是我却找不到出路。首先，我觉得周围的人都是很厉害的，觉得和周围的人有距离感。但其实同学之间的关系更应该是互助与共同进步的。周围的所有同学其实都是很好的资源，我们应该学会

— 29 —

怎样和周围的同学合作，取长补短，竞争当然也要有，但是我认为那不是主要的。还有就是快节奏。我所想的好像只有怎么才能把数学题做对，怎么才能在语文作文上拿高分，怎么才能将理综分数再提高些，怎么才能……当每天都是这些东西充斥在我的脑子中时，有很大一部分时间我是很痛苦的。我怕耽误一点点时间，我就一边看课外书一边吃早饭、晚饭，一边走路一边背单词，一边洗衣服一边想昨天老师讲了什么。我开始觉得必须要有所依托，有所希冀。于是，我写了"看见阳光"四个字贴在桌子上。

"不要把成绩变动看得太重，也不要不看。"做一个凌驾在成绩之上的主人，而不是成绩的奴隶。我想心态是最最重要的，或许有很多时候会怀疑自己，但始终都要明白命运掌握在自己手中，要永远对自己、对未来充满信心。即使身处最边缘，也要把那里拓展成自己的舞台中心。

如果内心确实很烦躁，可以找周围的同学聊聊天，或者找老师给自己分析分析。或许老师知道怎样激励你最有效。还有就是，要与自己的父母保持良好的沟通，毕竟家长最了解孩子的性格。但是无论采用什么办法，一定要让自己在大部分时间里都处于一种昂扬的竞技状态：快乐地学习，快乐地生活。

另外，一定要讲究良好的学习方法。当然上课认真听讲是很重要的。我们一定要跟着老师的思路走，因为老师一般都经历过好几届高考，他们最清楚面对高考学生们最需要什么、应该怎样去准备。我见过这样的同学，总是觉得老师的方法不适合他，只按自己的想法来。但事实上，你并没有参加过高考，所以很难真正准确把握。因此，我认为还是应该采用一下老师的方法，自己觉得有需要的地方可以再补充、调整。

关于做题有两种态度，一种就是所谓的"题海战术"，另一种就是做很少量的精选题。个人认为第一种方法更适合于高考，但是要正确理解什么是"题海战术"。

其实对于"题海战术"，最开始的时候我是不认同的。实话说，我其实很懒，但是有一天偶然翻到一本状元学习方法汇集，一个之前考上北大的学生说，他和朋友共四个人，每天晚上每人做一套题，然后交流，这样相当于一晚上每人做了四套题。他说他是做题最少的，还做了一麻袋，最后四个人中有三个考上北大，另一个在清华。我当时很是吃惊，后来也试着让自己的节奏变快，自己做好计划，每天做多少题，就是通过这种"题海战术"，成绩逐渐有了起色。

我想学生一般都很了解"遗忘曲线"，它直接给我们的信息就是：对于一种信息刺激，人们是会逐渐忘记的。如果要加深对它的印象，只有一遍一遍地重复记忆。高考题每年考查的知识点基本不会变，题目类型也都是确定的，只有将这部分题的解答思路做得特别熟，在考试时面对低难度和中等难度的题目才会游刃有余，并且能节省出时间给一些高等难度的题目，这样应该会得到更多。反之，如果一般的题目做对了，但是耗时过多，再加上紧张的话，可能高难度的题目根本没有时间。所以在备战期间，大量的浏览各种题目（在考试范围之内的），觉得自己一定能做对的就可以略过，不熟的再真正动笔来写，这是用有限的时间做大量题的最有效的方法。

不见得这种方法适合每个人，但是至少大部分是适合的。所以我觉得找对自己的方法，真正很努力地去做，你一定能做到自己的最好。正如我很欣赏的一句话：这条路上只要别人能够走得很好，我就能够走得很好。

最后，一定要保证自己正常的生活不被打乱。高三学生的主要任务是学习，但是良好的生活习惯则是达到好的学习效果所必需的。

在生活中体现得最为重要的就是吃饭和睡觉，不要认为这是琐碎的事，这很重要。记得当初上高三的时候，哥哥（当时读大二）每次给我发短信唯一的一个话题就是：要吃好饭，睡好觉。

先说吃饭吧，首先保证吃饭的数量。有同学会因为要做题或背东西而少吃一顿饭，这并不可取，因为这样血液中的血糖就会很低，大脑细胞的营养来源不足，从而导致反应迟缓、记忆力差等。长期这样还有得胃病的风险。所以一定要按时吃饭。另一点就是要保证吃饭的质量，不要觉得时间紧就凑合随便吃点什么，也不要像原来的我，一边看书一边吃东西，那同样对身体不好。

关于作息，我觉得自己应该结合自己的情况制订一个作息表，如果觉得可行就严格执行。当时我是住在学校宿舍，所以还是很有规律的。我觉得早上可以早起，但是晚上最好不要熬到很晚。如果有条件，中午应该坚持每天都休息。因为在高三，几乎每天都是超负荷的学习，这样的情况下，只有充足的、高质量的睡眠才能让脑子得到有效的休息。否则，即使一天学很长时间，质量也不会很高。我当时早上一般是6点起床，然后上一上午的课，中午吃完饭后，我再看看上午老师讲的东西或者做套试卷，然后睡半个小时。晚上10点下课，宿舍10：40就熄灯，基本看两眼书就睡觉了，我从来不敢熬夜。以我自己的经验来说，如果我前一天睡不好觉，第二天基本就学不进去了。高质量的睡眠是很重要的。

　　以上写了我平常总结的一些经验，希望对大家有所帮助。最后祝大家珍惜高考这段宝贵的经历，圆自己一个美丽的大学梦，更希望在前进路上一直都有阳光相伴。

姓　　名： 张 泽

名　　次： 安徽省理科状元

院　　系： 清华大学工程力学系

毕业学校： 蚌埠二中

人生格言： 书不记，熟读可记；义不精，细思可精。惟有志不立，直是无着力处。

高考成绩： 699 分（含政策 5 分）

一百天冲刺复习窍门大全

坐在闷热潮湿的教室里，没有空调，没有电风扇，有的只是蚊子在耳边的嗡嗡声和笔尖在纸上划过的沙沙声。老师端坐在讲台前，偶尔会有学生上去问问题。所有的人都在埋头苦读奋笔疾书，计划本上的内容被划掉了一项又一项。一张张试卷，一摞摞练习册，从桌子的右上角移动到左上角——这就是高三最后的一段时光。

进入 3 月，开过让人热血沸腾的 100 天誓师大会之后，黑板的左上角便多出了几个数字，从 100 开始，逐日递减，贴着清华、北大校门图片的白板也被挂在了教室前面非常醒目的位置，高考复习已经进入冲刺阶段。来自小城市的我们没有保送的资格、竞赛的实力和加分的优待，有的只是时间和耐力。我和所有的同学一样，每天重复着宿舍—教室—食堂"三点一线"的生活，抓住一切时间拼命复习啃书本，吃饭囫囵吞枣，上厕所紧赶慢跑，下课抓紧时间复习，体育活动课能不去就不去，每周不到半天的休息时间也乖乖地回到教室自习。在这样一种高强度、高密度的考前100天冲刺中，我总结出了几点经验窍门。这几点经验让我的学习效率大大提高，最终使我杀出重围，在众人中脱颖而出。

一、有计划地复习

你是否担心不能充分利用这100天？那就开始列计划吧！拿一个小本列上你的计划，随时翻看，时时记住自己的任务会让你的复习更有效率和针对性。

计划分为两种，一种是阶段计划，即先反思这一段时间哪一门是弱科，哪些内容需要复习加固，需要补什么科。阶段计划要以周为单位循环执行，如我的英语是强项，而生物较弱，所以阶段计划是每周一三五早自习读生物，二四六早自习读语文，周末早自习读英语。这样严格按照计划执行对提高弱科成绩十分有效。

第二种是每日计划。由于阶段计划的制订，临时决定的计划比较少，所以每日计划不用写下来，只需在每日早起洗漱或吃饭时在脑中迅速确定即可。但是每日需要完成的任务必须写下来，它是目标也是你想玩时的警示，完成一项就划去一项。当计划本上的任务被你一一划去时，心中会不由生出成就感，也更有继续做下去的激情了。

临近大考或模拟考试时还要单独列个复习计划，根据考试内容对自己掌握的程度进行反思，确定复习内容，并把时间具体到考试期间，完完全全地模拟高考。譬如我在每次考试前一周开始复习，考试前一天晚上看语文素材和自己总结的小技巧，考试的早上看字词，中午午睡起来看数学易错点，晚自习看物理、化学、生物的规律总结；第二天中午做一套英语题找语感。这样就充分地利用了时间，避免了考试期间的浮躁情绪，同时更真切地模拟了高考，让心态更加淡定。我在高考第一天中午还非常淡定地看了一中午的数学规律和易错点，

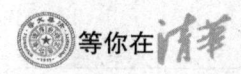

然后自信地踏入了考场。

有的同学可能会说："计划还没有变化快，列计划也完不成。"是啊，不是所有的计划都能按时完成，只要完成任务的百分之八十就行了。因为列计划的目的在于使自己充实高效起来，有部分计划没完成可以留到周末集中处理。但如果没有计划，作业多的时候就会手忙脚乱，少的时候又会不知所措，白白浪费时间，使心情越来越沮丧，最终影响成绩。

二、有一个良好的心态

我记得，高中三年里班主任对我们说得最多的一句话就是：要把心态调整好。调整心态确实特别重要，有一个好的心态，学习会更有动力，效率也会随之提高。

面对高考，每个学生的压力都挺大的，有家人给的、老师给的，更多的是自己给自己的。有时候，我们把高考想得无比重要，以至于总有各种各样的担心：万一考砸了怎么办？没有达到自己的目标怎么办？让家人失望了怎么办？这些问题像一座座大山压迫着我们。于是，我们更在乎平时的表现，一道不会做的题，一次不太理想的考试都有可能使我们心底的堤坝崩溃，让我们越来越紧张，越来越焦虑，甚至最终对自己失去信心。可想而知，这样的状态怎么能让我们在高考中正常发挥呢？

因此，我们要把心态放平和，不要惧怕学习上的挫折，更不要认为出现这样的困难是由于自己能力不够。这个时候我们应该庆幸，我们在高考前发现了哪些知识点是自己掌握得不够牢固的，哪些解题方法是自己还不太了解的，然后再据此来提高自己。这样，我们才能充分利用每一次机会，在挫折中进步，勇敢、积极地面对每一次挑战。

三、高效率的自我复习

自主复习并不是提倡在家中自己复习，而是指复习方法的自我适合度要提高，而且必须要明确的是这一切都要建立在你跟上老师的步调上，相比我们，老师们对于高考的经验要更加丰富，更加切近。

大家都知道，在高考前，各式各样的参考书、习题册、试题集层出不穷，老师推荐的、同学在用的以及自己挑选的，到底用哪一些比较好呢？是不是全部都买了比较保险？学习的自主性在这时候就很重要了，我认为跟风去买一堆参考书是毫无意义的，往往高考结束后，大多数学生手里都还有很多习题册根本就没有翻过。因此，我建议各科各类只买一本。例如我复习物理，只用了一本讲得很细并且附例题的旧参考书，一本根据最新高考大纲编写的习题册，以及一本各省市高考题的试卷集。在别的同学参考书堆积成山时，我把这三本书一遍又一遍地翻烂了，感觉知识掌握得更透彻，做起题来更得心应手。如果你是为了见识更多的题就买很多的书，我认为也是不必要的。因为，无论是谁，想要押中高考题还真不是一件容易的事。每一本参考书都有其独特的复习思路，同时用很多本只会打乱你自己的复习思路，得不偿失。因此，自主选择适合自己的参考书，不因为别人有自己没有而感到不安和慌乱，这是复习的一大关键。

"自主复习"还体现在对自己学习情况的了解和调节上。很多同学在高三时非常在意与别人的差距，别人看了一个小时书，好像自己就非要看一个小时甚至更久，否则就是不努力，就会落后；一到考试后排名，看到平时和自己差不多的同学比自己前进了几名，有些同学就急得如同热锅上的蚂蚁。其实这完全没有必要。"不要和别人比，只和自己比。"这句话同学们肯定不陌生，但做起来却很难。在我看来，不妨静下心来想一想，高考是你一个人的，别人考得怎么样对你一点儿影响也没有。你可以和别人做比较，了解自己的位置，但是不需要因此改变你自己的步伐和心态。

那么，应该如何和自己比呢？我建议每次模拟考试之前都制订一个目标，给每一科设立一个最低分和一个理想分，这两个分数要根据之前考试的情况而定，既促使你对自己的情况有全面、真实的把握，又让你有一个前进的方向。待考试结束后，再与实际分数相比较，制订下一步的对策。例如，在我的目标中，英语最低要拿 130 分，争取到 140 分，如果我这次考试实际拿了 125 分，那么我下阶段就要多花精力在英语上；假如我拿了 135 分，就保持原有步伐；假如我拿了 140 分以上，下阶段就可以在英语上少放点精力。

只有和自己比较才会有更实际的用处，不是吗？那我们何乐而不为呢？

四、踢好临门一脚

整个高中时期，我们都在为着高考这一目标奋斗，我们期待着它的到来，又害怕它的到来，因为我们已经付出了太多的汗水与辛酸，在考场中稍有不慎就可能抱憾终生。正是由于高考的特殊性，导致很多考生临考出现很多意外状况，比如考了一半要上厕所，临开考了突然发现涂答题卡的铅笔不见了，等等。这些突发情况都很有可能使得几年的辛苦毁于一旦。

从高考的前一天晚上开始，就要注意放松心情、放平心态，千万不要紧张得睡不着。我在高考的前一天晚上也很兴奋，难以入睡，后来就听着轻音乐慢慢平静下来，终于还是保证了睡眠时间。进考场的时候心里千万不要想万一考砸了怎么办，你越这样想，心就会越慌。所以进考场的时候最好能让大脑保持一片空白，这样在看见题目后才能更快地从记忆中调出所需的知识。

考前一切准备妥当后，考试时就不要担心会出什么意外状况了。这时要全神贯注地答题，答题也还是和平时一样，先易后难，注意合理分配时间。高考时最好能带一块手表以便精准地把握时间，但是切不可太在乎时间以致写几个字就看一下手表，这样就完全把考试状态打乱了。"先易后难"也不能心一慌把凡是需要一定思考的题全给跳过，这样不仅浪费了大量读题时间，还在心理上造成了一定的压力，还很有可能漏做一些题，所以除非一道题真是太难，一般不要跳过。

好好地利用最后的 100 天吧，巩固好已经掌握的知识，调整出一个良好的心态，名校一定会向你敞开大门的。

姓　　名：王盼

名　　次：河南省文科状元

院　　系：清华大学新闻学院

毕业学校：开封高中

人生格言：谁要是游戏人生，他就一事无成；
谁不能主宰自己，谁就永远是一个奴隶。

高考成绩：660 分 + 20 分

行百里者半九十

　　12 年寒窗苦读，20 载翘首以盼，只为了一场高考，将高考比作行百里路，甚至万里路都不为过。可是对于高考，真正的冲刺阶段却往往只是考前的一百天，这于 20 年的努力岂是十里之于百里，实在是一毛之于九牛啊。时间虽短，但这考前的冲刺阶段却是极为关键的，把握得好的人，能将之前的努力集聚迸发，甚至超水平地发挥；把握不好，无论之前多么优秀都可能功败垂成。如今身处清华，回想起考前的那些日子，我心里仍然感触万千。

　　高考，一直被渲染成一场"千军万马过独木桥"的战争。这种宣传让人不寒而栗。其实，如果我们静下心来仔细想想，就会发现我们即将面对的高考根本就不像洪水猛兽那样可怕。其实高考的复习最重要的两点就是学习方法和调整心态，这两者相辅相成，缺一不可。只要能做到这两方面的平衡，就能最大程度上提高高考的分数。

一、学习方法

高中冲刺复习的学习方法是一个老生常谈的问题，也有很多人写下过他们的经验，在这里我就拣一些平时大家比较少涉及的方面，写一下自己的经验。

首先，要利用好自习时间。在冲刺阶段，课上，老师基本上都是讲作业、讲习题，很少会讲知识点，也很少会带你进行系统的复习，那么，自己不会的知识点就只能靠自己在自习时间复习、巩固了。上课时没有听懂的地方，也可以在自习时间自己好好琢磨琢磨，如果还是不明白，就要果断地向老师、同学请教，一定第一时间把它弄懂，千万不要不懂装懂。当然，你要是觉得自己复习得没问题了，老师讲的东西也都学会了，作业也都做完了，那你可以利用自习时间来做一些模拟题或者高考真题。总而言之，自习时间是非常宝贵的，会学习的同学会把这段时间的学习效率发挥到极致。

其次，要正确地面对模拟考试的成绩。在我的经验中，模拟考试成绩出来之后，同学们的复习就会迎来一个浮躁期。首先大家都开始关注报志愿的问题。认真对待报考是很重要的，但是如果投入过多的精力，势必影响正常的复习。一些考得好的同学在潜意识里会觉得高考分数会和模拟分数差不多，从而变得很浮躁，忽略了试卷本身的内容，平常的复习也不踏实。一些考得不好的同学心情会很压抑，开始出现慌乱、不知所措等情况。这些情况都可以理解，但为了更好地迎接高考，我希望大家能正确处理，从而

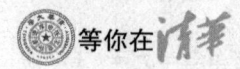

进行自我调整。

我的第一次模拟考试以上两种情况都出现了。我第一次模拟考试考得不错，注意力就开始不集中了，每天都有神游的感觉。上课时不知老师所云，下课后胡乱做题，没有规划。然而紧接着的第二次模拟考试、第三次模拟考试，成绩一下子掉了下来，因此心情又变得很沉重，状态低迷，以致影响了最后的复习。而我在第四次模拟考试时吸取了教训，很平静地面对成绩，继续按计划完成复习任务。这种踏实的状态我一直保持到高考。所以正确对待模拟考试的成绩很必要。

认真看待模拟考试的成绩，应该要好好分析试卷，正视自己的成绩。大家的注意力应该放在知识点的归纳与整理上，分析出哪些分数是可以通过努力得到的，哪些能力是可以通过近期努力得到提升的。好好分析试卷也是增加熟练性与准确性的过程。因为考场上时间紧，很多问题并没有得到充分的思考，甚至有些答案是蒙出来的，所以重新做一遍试卷，根据实际情况估计自己的成绩是很有必要的。还有，应该多和老师交流，让老师帮助你分析一下试卷。老师往往能根据你的具体情况提出更有效的复习方法。

最后，一定要为自己预留出反思的时间。一个人，只有完整地分析自己，对自己有一个全面的认识，才会知道自己想要什么。例如，我们每天的大部分时间都在做题，时间有限，题目无数。你是不是拿到题目就做，也不看它是什么类型的、自己会不会，"反正做完了，能跟老师交差"，浑浑噩噩地度过每一天呢？是不是当遇到自己不会的题目时就得过且过呢？是不是因为一些不应有的干扰去破坏自己那一直昂扬着的心态，总是在想还有多少题目没做，高考一旦考到自己就傻眼呢？练习题多如牛毛，谁能做得过来？俗话讲得好："与其伤其十指，不如断其一指。"这句话的意思就是说，做事要讲究"质"，做题也一样。单纯的数量堆积是造就不出高分学生的。

在考试后自己出现问题时，尤其要及时思考自己的不足，看看自己在哪些知识点上存在漏洞，并及时制订出修补的计划。整理错题也是这段时间帮助学习的比较好的一个方法。要学会对自己做错的题目按学科进行归类，对重复出现的问题一定要加以重视。要知道，高考不是考查你能够做出多少题，而是考查你最终得到了多少分数！这就要求你一定要减少（甚至杜绝）不必要的失分。

二、调整心态

在心态方面我有着切肤之痛，因为当年的我也经历过一段很难熬、很惨淡的日子，甚至现在想起来还是心有余悸。有一个好的心态，学习效率就高，临场发挥就好，而对于旗鼓相当的竞争者来说，临场发挥才是决胜的关键。所以说，高三调整好心态其实才是最重要的，好的心态是取得高考成功的前提和保证。

当年的我，至今想来还是百思不得其解，为什么会那么彷徨无助，那么迷茫失落呢？或许就是因为高三不可名状的压力吧。其实身在高三的任何人，都会面对同样的状况，关键是看你如何调整，如何应对。因此，要相信任何低谷都会过去，相信大家是在一起面对，相信那个丰收的夏天总会来临……

高二之前，我一直都觉得自己心态还是挺好的，即使是考试失误了也很看得开，比较开朗、活泼、大大咧咧。所以，我想当然地认

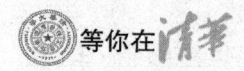

为，高三只要像之前一样好好学习、天天向上，就万事大吉了。然而，高三下学期的低谷让我猝不及防地崩溃了。上课开始注意力集中不起来，一边告诫自己好好听讲，一边走神；自习的效率极低，思维老是无法贯穿整道题，越是自责就越是心烦；考试的状态更是糟糕透顶，低级错误让老师和我自己都惊诧不已……那段黑色的日子啊，我真的是看不到希望，每天都很郁闷地想要发泄。每天早晨一睁开眼，不是满满的干劲儿，而是对这一天生活学习的恐惧……我疯狂地搜索励志书籍，寻找师兄师姐们的经验介绍，迫不及待地画出认为可以启发自己的句子、词汇。

还好，最后我成功地走出了那片阴霾，不然你们现在也看不到现在这篇文章了。这里的经验是感觉到自己的心态发生变化的时候，一定要及时与老师、父母沟通。俗话说得好，旁观者清，他们一定会比你更加清楚事情该如何处理。一定要记住，父母和老师的爱可以包容一切，任何时候他们都是你最值得依赖的依靠。生活并不是只有高考这一件事可做，我们的路还有很长。

高三，也许在很多人眼中是地狱，但换个角度看，谁能说那些为目标挥洒汗水的日子不是闪光的？当你成功地做出一道难题，当你又提高了 5 分，你是否感觉到了心中的喜悦呢？当你利用下课时间又做了半套英语题，当你在放学后留下来做完题再饥肠辘辘地奔向食堂时，你是否感到了满怀的充实感？当你在无数次失败后终于迎来成功，当你在一次次擦去泪水后又倔强地重新开始时，你是否感到了心智在默默地成长？这就是高三带给我们的，穿越无数困难险阻的坚毅，为了目标不惜一切的勇敢，脱离幼稚无知学会自制的成熟。高三是一次难得的磨砺人的机会，希望我的这些经验能作为你们披荆斩棘的利刃，帮助你们坚持走过黑暗，看到灿烂的阳光！

姓　　名：马　强
名　　次：黑龙江省理科状元
院　　系：清华大学电子信息工程系
毕业学校：大庆实验中学
人生格言：再长的路，一步步也能走完；再短
的路，不迈开双脚也无法到达。
高考成绩：710 分

我的高考备考经验总结

　　走过高考，回头望，发现它并非如传说中的那么恐怖与沉闷，相反，备战高考的日子是我人生中最为充实与快乐的。高三时同学们之间建立的友谊是不曾并肩作战的人无法体会的，来自老师、家长的关心和照顾更让我们拥有了可以变得异常坚强的力量。备战高考一点儿也不可怕，它不过是把已经学习过的东西进行系统的整理、归纳、升华……下面我就来讲一讲我自己在备战高考时的经历体会。

一、良好的生活习惯和心态必不可少

　　第一，要安排好饮食。一日三餐，我自己都科学地调整好，身体健康是一切的前提。第二，要坚持运动。这一习惯我一直保持到高考结束。每天早晚我都定时跑步，一则锻炼，二则提高兴奋度，体验运动的快乐，三则最重要，那就是发泄。把压力、不快乐的事情全都转

化为运动发泄出去，并且想象自己是以奔跑的速度在追赶梦想，现实的压力、困难就被统统抛在了身后。第三，劳逸结合，点缀生活。我在窗台上养些小花小草，学累了就照顾照顾它们，或者看看蓝天鸽群，或者去校园的小径上、花园里走走，又或者和同学聊聊天逛逛街。稍长的节假日我就到附近景点玩玩转转，那是一种生活享受，绝不是浪费时间！在这个过程中，我们不仅可以放松精神，也可以思考很多问题，让自己以一种更好的精神状态再次投入学习。我一直认为，能生活好，才能学习好、工作好！一种良好心态的建立，就是来自一种良好生活习惯的养成。大家完全不必因为高考而紧张而刻意改变什么。正常的生活，才有正常的学习和考试心态，这一点非常重要。也希望大家都快乐起来，你用心笑了，就会发现这个世界的美丽所在！

二、正视压力，莫成为压力的俘虏

有压力是很正常的，我觉得任何人在实现自己的目标这一过程中都是有压力的。这种压力促使我们更加努力，因此，不要认为有压力是一件很可怕的事。不过当压力过重，影响到了自己的生活和复习的时候，我们要积极地去排解，不要憋在心里，自己一个人默默承受。我觉得在这个时候，家人、老师和朋友是很好的倾诉对象。一些事情我们憋在心里难受，也会让关心我们的人着急。他们都很想帮助我们，可是却不知道该怎么办。停下手中的笔，和家人聊聊开心或不开心的事，向老师诉说一下自己的苦闷，寻求老师的指导，和朋友在一起畅所欲言，发泄心中的不满、倾诉自己的委屈。这些都会使我们变得轻松、开朗许多。然后，再轻装上阵，重新出发岂不更好？

三、题海并不可怕

人们常说，不要搞题海战术。但是我认为，大量做题是高考成功的条件之一，只是千万不要仅仅为了做题而做题，我们的目的是熟悉

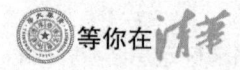

题型、掌握方法、培养感觉。

其实高中的知识点是有限的，由这些知识点设计出来的题型也是有限的，但是从每种题型演变出来的试题却是无限的。因此在做题的过程中，我们需要区分每道题所属的题型，并且分析这种题型的解题方法。这样，在以后的做题过程中，面对每一道试题时，我们需要首先分析这道题所属的题型，然后搜索脑海中存储的解决这种题型应该使用的方法，这样便能轻车熟路地解决大多数的问题了。因此大量做题，也就使我们能够遇到更多的题型，而当我们的脑中有了大量的题型储备，我们便能纵横高考。比如对于"34 + 97 + 3 = ？"这道题目，我们不要仅仅满足于能正确地计算，而要认真地分析它所属的题型：三个数相加，后两个相加较简便。而这样题型的做法便是先计算后两个数，这样我们才能说自己充分地利用了这道题。而当以后再遇到类似的题目，如"24 + 8 + 92 = ？"时，问题便迎刃而解了。

但是在做题的过程中，我们绝不能一味地追求数量，要真正做到每做一题都有所收获。只有认真地分析每道题的题型与解题方法，才不会浪费我们所花费的时间。如果发现某道题所属的题型你已经非常熟悉，能够熟练地解决，那么你就可以跳过这道题，这样能使我们在备考阶段节省出大量的时间。

对于练习册的选择，首先我们要听从老师的建议，毕竟他们有多年的经验，能够在浩瀚的题海中慧眼识金。而当我们自己选择练习册时，可以翻开某本练习册，认真地做几道题，看看这些题是否做过，如果一本练习册中你没见过的题型多于熟悉的题型，那么它一定能给你带来帮助。

四、养成一个良好的总结习惯

看过那么多经验介绍，估计大家都有错题本，但当错题本越来越厚时，你还能不能做到经常翻看、考前翻看呢？高三时，我听到很多同学都说："错题太多了，根本看不完啊！"我也曾为这个问题苦闷，因为错题太多不仅看不完而且还会导致心烦气躁。后来我想出一个办法，对于错题，我分为两类：一类是能总结出易错点、知识漏点和做题技巧规律的错题，我把这些易错点专门记在一个小本上，并按知识内容归类，对应的错题简略记在下面；第二类是由思路问题和分析问题导致的错题，我就剪贴在错题本上，这样错题本就薄了好多，即使是最薄弱的物理最后也只有100道题。后来我又发展了一下，把看书过程中发现的知识漏点和自己构建的知识结构也记在小本上，到后来三轮复习时我将归纳题型也写在小本上。因为归纳总结得很有序，内容又不多，所以看得很快。每次大考前时间紧的时候我就只看小本，每次都收获很大。通过反复复习，对各种题型都很熟悉，考试时就得心应手了。

另外，还要学会总结学习生活，特别是感觉生活乱七八糟、郁闷难过的时候，对前一段的生活做一个总结，哪些时间没利用好，哪些环节没做好才导致现在的慌乱，然后找出改正方法，重新开始。生活焕然一新，学习便又有了动力。

五、培养优良的应试能力

周围有好多同学，平时学得很好，一考试就得不了高分。为什么？他们在考场中紧张、缺氧……排除这些非智力因素，最关键的就是"不能最大限度地得分"。应试能力，可以分成两个方面。其一，是审题。审题——"审材料"，不管是文字还是图像，都不但要"看到"，而且要"理解"，要"准确掌握"，这叫作"信息的获取与解读能力"。其二，是准确答题。高考的答案是非常简练的，简练的原则就是用"专业语言"、按采分点给分。专业语言就是从书上来的，所以，我们平时要多看书、多背。虽然单纯的背不能提升能力，但绝不是说就可以不背。没有基础知识打基础的能力是虚无缥缈的空中楼

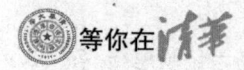

阁，不知道它在什么时候就荡然无存了。提升"得分"的能力，就需要我们在高考真题中"磨"，掌握解决它的方法。高考题目的练习，需要我们在对自己学的知识有整体把握之后再进行，这样效果更佳。需要提醒同学们注意：在答题时，语言不要啰里啰唆，让阅卷老师从中去挑选答案。我们要掌握答题的诀窍：不但准确，而且高速。

六、态度决定一切

我指的不光是学习上的态度，还有我们对待周围一切的态度。应该说高考在即，每个高三学生的学习态度都是没的说的。那我们对待其他事物的态度呢？我自己觉得要有一颗感恩的心，感谢周围的一切，感谢我们的家人、老师、朋友和那些陌生的人，要发自心底地感谢这个世界。不要觉得家人只是给你施压，不顾及你的想法，要记得家是最温暖的地方。要感谢老师的教导和关心，虽然老师有时候会发脾气，但那也是为我们着急啊，要理解他们。要感谢朋友的关心，临近高考，每个人都很脆弱，别人的一句话、一个眼神都有可能使自己心里特别难受。试着去理解每一个人，和善地对待每一个人。学着发现美，就像发现春天叶子绿了，鸟儿开始歌唱了；夏天欢快的雨珠打在路面上形成美丽画面；一阵风吹过，叶子开始歌唱了，天更蓝了，视野更广阔了。我们这么努力、充实，有什么理由不快乐、不知足呢？如果我们试着这样想一下，繁忙的生活就会变得有滋有味，高考也就不那么可怕了。

零零碎碎说了这么多，最后希望高考能够成为所有人回忆中的一道美丽风景，愿所有人都能圆梦清华。

姓　　名：王震霆

名　　次：湖北省理科状元

院　　系：清华大学经济管理学院

毕业学校：襄阳五中

人生格言：青，取之于蓝而青于蓝；冰，水为

之而寒于水。

高考成绩：707 分

想念高三的希望与理想

　　对于我来说，高考虽然已经过去大半年的时间了，但是那些和千万考生一样艰苦备战的日子，那些黑板上每天变小的倒数的数字，那种对未来忐忑不安的心情，仍然历历在目。现在回想起来，就在高三第一次的模拟考试中，我仅仅在年级中排名43。对于我所在的学校，这样的成绩意味着在高考中我只能考上省一级的一本。但高考结束，我实现了十多年的梦想。捧着清华大学的通知书，回味备战高考的这段日子，我想我的成功主要源于积极乐观的心态、健康规律的生活方式和简单有效的高考冲刺复习。虽然这三点被老师、家长重复了多遍，但是如果真的能找到适合自己的试题，合理而规律地安排每日的生活作息，并且以一颗平和的心面对生活中的每一次成功与失败，必能从容地面对高考，在考场上正常地发挥自己的水平，成就自己的梦

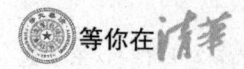

想。在这里，我也非常乐意与大家分享我的经验。

一、期待最美好的，把握能把握的

我在高二的时候参加过一次高考。因为是第一次，而且知道很多东西没有学，高一的知识记住的也有限，所以，完全没有对结果抱有期待。我的目的只有一个，那就是体验一下高考的感觉，想知道未来自己要面对的到底是什么。所以我的备考很轻松而且很充实，没有外界的压力，没有自我的期望值。结果很好，至少对于一个高二的学生来说很好。

后来，我总是回忆为什么自己在高三最后高考的时候那么紧张，其实就是因为我有了期望值，也有了压力。妈妈总说，如果我高二不去考那一次，也许我的成绩可以更好。但是我不后悔，因为这次尝试带给我的是一次快乐的体验。我也渐渐明白，其实只有自己真正知道自己想要什么，抛开别人的说法与判断，才能在付出的过程中享受奋斗的快感。

高三第一次模拟考试的时候，我的成绩有点低，这也让原本放心的家长和老师开始着急，我自己更是不知道为什么会这样，压力开始无声无息地压了上来。我开始吃不好、睡不好，甚至开始怀疑自己心理出了什么问题。后来是老师和家长一遍遍地对我说：不要有压力，没有人责怪你，就算你最后考的分数不是绝对的好，也会有别的选择。未来的事情本来就是未知的，真的没必要因那些未必会发生的事而影响自己现在的生活。不懈努力，期待最美好的，把握能把握的。

我开始试着自己调整心态，依然努力，但是不苛求，因为我知道很多事情不是我苛求就能得来的。其实人生也是一样，不是我们努力就一定会成功，但是不努力就一定不会成功。这个法则就是这么不公平，可是因为我们不是制订游戏规则的人，所以我们别无选择。当你别无选择的时候，就要试着平静地接受，只有自己变得足够强大的时候，才能推翻原有的规则，制订新的规则。高考不过是人生的一个驿站，我们通过这次机会走向不同的方向，有了不同的选择。每个人面临的压力都不小，关键就看你如何处理，就看谁能坚持。所以，那些还在备战高考的同学们，坚持是最难的，一定不要轻易放弃。期待最美好的，把握能把握的。这是我人生的信条，也是我准备高考时常伴我的一句话，希望与你们共勉。

二、尽力地去学习，先要尽力地去生活

多抬头看看身边的"风景"，用眼睛捕捉那些镜头，让生命中留下那些最真实的美好。一年过后，不要因为没有考上理想的大学而悔恨，更不要因为没有交到一个知心的朋友而遗憾。无论是对学习还是对生活都要充满热情，要始终坚信这个世界上没有绝望的处境，只有对处境绝望的人。你所要做的只是"尽力"，不仅要尽力学习，还要尽力生活。

在自己压力特别大的时候，老师逼着我每天去慢跑出汗。我本不喜欢运动，但在那个特殊时期，我第一次体验到了运动的好处。迎着夕阳慢跑，给我带来的是满满的幸福感和自信心。这一点，只有亲身尝试了才知道它的奥妙。尤其是那些平时不爱动的女孩子们，尝试一下，出去跑一跑，一切真的会变得不一样。

三、自信是一切成功的来源

成长的路上总会有各种各样的风霜雨雪，能让我坚持到今天的东西其实很简单，那就是自信。相信自己真的很难，但也非常重要。

一个没有自信的人，即使高考中侥幸得到了上名校的机会，也会被淹没在清华、北大的众多才俊中。你会在名校中看到无数个比自己强的人，也会看到无数个让自己羡慕的人。但是，活着就是为了相信自己，活着就是为了给自己创造奇迹。

曾经有位师姐，高考的时候发挥失常，分数很低。所有人都为她

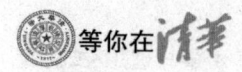

感到遗憾，可是在别人遗憾的时候她却选择了复读。因为她相信自己，她相信失手只是暂时的，她相信自己的实力，所以她有重新来过的勇气和信心。我不是鼓励大家去复读，但是这种精神确实是任何人都需要的。

人活在这个世界上就要相信自己是优秀的，自己是特别的。除了你自己，没有人会相信你。如果连你自己都不相信自己的优秀与出色，又怎么去指望另外的人呢？

四、不要给自己任何借口

高考结束后，很多同学说自己发挥失常了，旁人也只是感觉遗憾罢了。可是有没有仔细想过，为什么会失常？如果你的实力真的够强，失常发生的概率又会有多少？

这就是我想说的另外一点，记住，不要给自己找借口！你的实力是多少，在很大程度上决定了你的表现。

在你准备高考的过程中，就应该把失常这种因素考虑进去，怎么样能让自己不失常？怎么样才可以把自己最好的一面在短短的几个小时内展现在试卷上？

问题的关键在于你的心态。不要过分轻视考试，也不要过分重视考试。在考试前做一切你能做的，在考试后不要再去想结果会是怎样。你付出了，你体验了，这个过程就是好的，就是美的。没有任何事情可以替代这样的体验与成长，最终得到了什么也只有你自己了然于心。

五、专注自己要做的事情

因为在乎，因为压力大，很多时候在复习时你会发现自己静不下心来。这里给大家推荐一个很好的方法：不要去想太多问题，不要去想太多后果，你需要想的只是"我要做什么，今天学了哪些东西，我要复习到什么程度"。有时间去猜想考试会考多少分，这会给自己带来怎样的后果，不如踏踏实实地投入到学习当中去，专注于现在自己要做的事情。这样的心态会给你一种充实感和满足感。从某种意义上说，这也许比高考的结果更加重要。

六、追求卓越，超越极限

最后，我想说的就是，无论做什么事情，都要有追求卓越的精神，都要有敢于超越自我的勇气。因为成长的道路上不止高考一个难关，你的阵痛也不止这一次，没有一颗强大的心是很难走下去的。

不论怎样，高三备战的日子是痛苦的，也是幸福的。当时老师说当你走过以后再回首就会发现这是怎样一段值得永远珍藏的时光，我并不理解。但现在我是真正感受到了，曾经有那么一段岁月，我拼尽全力在奔跑；有那么一段岁月，我朝着目标，穿过一路荆棘；有那么一段岁月，我学会在黑暗中找到阳光，用它的七彩折射出我的未来……

即使我们都疲惫了，请再坚持，去听梦想的召唤，去感受忙碌而充实的生活。当你真正走过，你就会觉得一切都是值得的。

如今在大学里，我也会经常记起那些奋斗的朝夕。我走在荷塘湖边，就会想起一直陪伴着我的那段话，我想我该捧着一本散文集，耳朵里流淌着理查德的钢琴曲，在春天的清晨，与整个古老的校园一同呼吸。我听见了梦想与现实在体内融合的声音，温煦如水……

希望总是好的，理想总是好的，让阳光照进自己的世界才会看清前方的路。不要停下脚步，不要有片刻的迟疑，必须马不停蹄地赶往下一站，去尝试，去体味，去收获。《肖申克的救赎》中说："Hope is a good thing."同样，阳光也是好的。所以，抬起头，一步一步努力地走着，我们一定会迈向成功。

姓　　名：王栩淳

名　　次：云南省文科状元

院　　系：清华大学经管学院

毕业学校：建水一中

人生格言：人生的旅途，前途很远，也很暗。然而不要怕，不怕的人的面前才有路。

高考成绩：649 分

清华园中忆文综

2011 年，对于我来说，真是翘首等待的艰辛与实现梦想的喜悦相交织的一年。在这难以忘怀的一年里，我实现了成长路上的一次大蜕变。站在清华大学校园里回头望，高中生活的一幕幕会时常浮现在脑海里。每当想起曾经奋斗过的日子，我的心总会被怀念与感慨填满。接下来分享一下我自己对于高考文综复习的几点心得，希望能够给后来的学弟学妹们一点儿经验。

文综究竟是一门什么样的功课？几乎所有的理科生都会说，文综就是记忆，只要你肯背，就能得高分。但是真正的文科生很清楚，文科绝不仅仅只是"背诵"。除了平时必要的背诵记忆外，我们还有什么方法可以借助，还有什么技巧需要把握？

个人认为，学好文综就是要做好两件事：看书和做题。看书是为了背诵、理解，是基础；做题是为了提高做题技巧。看书如同作战用的兵马粮草，做题好比作战计划，没有前者，后者无法发挥作用，二者缺一不可。

此看书非彼看书，像看小说一样走马观花地看，是不可能学好文综的，背诵之于文综是绝对必要的，对于这一点大家都没有弄错。但是和很多理科生所想的却并不一样，文科生的"背诵"并不只是简单的文字记忆工作，如果单纯地将背诵当成是一个个具体文字组合而成的记忆程序，那么，我敢说，你是无论如何也不会掌握好文综学习方法精髓的，也绝不可能获得理想的成绩。

对于文综的背诵工作，我认为，应该分情况分阶段分别采取不同的方式。第一遍记忆时，主要目的是为了记住最基本的数据和知识内容，所以，此时可以尝试一个小节一个小节地复习。到了第二轮复习整理时，便不再只是单纯的文字记忆，而是需要体系化地看待知识的前后联系，系统化地对知识点进行总结，全面、整体地看待相关知识点的内在统一性，将所学的所有知识有意识地前后串联起来。关于背诵的方式、时间、地点等，我认为，每个人都是不同的，不需要有固定的标准，只要符合自己的习惯便可，但是我还是很想将自己的背诵习惯告知读者，期望能给大家寻找适合自己背诵方式带来灵感。我习惯晚上在家里背书，因为够安静，同时也可以使自己自由、放声地背出来而又不影响他人。就我个人看来，大声背书对于增强记忆是非常有效的。另外，我背书时，习惯将自己想象成是课堂上的老师，用老师的口吻自问自答，并且根据课外练习册的复习大纲，总结性地记忆前后课文内容。这样做的结果是，不仅锻炼了自己的表达能力，很好地掌握了问答题回答用语的规范性和严密性，同时也有助于我们在复习书本时形成适合自己记忆的理论体系。我选择在晚上背书，还有一个目的在于，保证第二天自己醒过来后能够保持新鲜记忆，这样便可

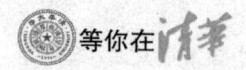

在早起洗漱、吃饭之际，在心中默背昨天所记内容，从而进一步对所记知识加深印象。

做题有两个目的，一个是检测知识、查漏补缺，另一个是总结做题技巧，不是为了做题而做题。对于前一个目的，选题的范围可以尽量放宽，甚至可以找一些老题旧题、偏难怪题做一做；对于后一个目的，选题就得慎之又慎，不仅不能选冷门题，还不能选非高考思路的题。尽量做近年本地区高考题，连模拟题都只能稍做参考——原因只有一个，就是文科的主观性实在太强，只有高考才是最最准确的。

文科题目无穷无尽，一个选项就可能覆盖一大块知识，所以一定要吃透，还要举一反三。就以下面这道题目为例：

国家在推进"以工促农，以城带乡"的过程中需要：（　）
①加大财政对农业的支持力度　②切实保护农民工权利
③积极发展乡镇企业　④大力发展生态绿色农业
A.②④　B.①②③　C.①③④　D.①②③④

因为"大力发展生态绿色农业"与"以工促农，以城带乡"无关，所以正确答案是B。但这道题涉及的热点"城乡关系"是常考的，所以这道题目提示我们以后遇到涉及这一热点的题目要从这三个方面入手。

将自己的答案与标准答案对过之后并不算完，还要把做过的同类题相互比较，分成"材料相同"、"设问相同"等几类，细细琢磨材料与设问一一对应的关系。特别是那些自成一类、方法独特的题，如表格、图形，要注意总结规律。比如描述折线图要从范围、趋势、最值、折点等方面入手，描述饼形图要抓住总量、份额、结构是否合理、是否多元等，这些都要细细体会。

上面的几点是对于政治、地理、历史三门功课都适用的方法，但是毕竟这三门科目是不同的，所以我接下来将会向大家分别介绍各门功课的一些学习方法和技巧。

一、政治篇

在三门功课中，或许政治的理论体系是最能被我们掌握的，因为它直接分为经济、哲学、政治三部分，所以对政治进行系统性总结，我想是比较容易的。对政治的三部分分别做出系统总结，形成树枝—枝干图。考试时，只要明白本题的基本考查范围，然后就可以找到相应的"树枝"并深入思考其可能包含的具体枝干，这样就可以比较容易地解决一道问答题了（这样体系化的记忆方式同样也适用于历史、地理）。

平时训练时，要特别注重题型类型化总结。举例来讲，某天你在参考书中见到一道"请你用科学发展观的知识来解释材料中所反映的问题"的问答题时，就要意识到，下次问题可能会改成"材料中是如何体现科学发展观的"，但是二者的答案是相似的。因此，对于类似的类型化的问题，我们就要有目的地去研究它的答案，以期能够在下次回答题目时有所提示。

在做政治选择题时，我认为有些小经验是很值得与大家分享的，比如，在做多项组合选择题时，凡是答案中含有对我们国家和党赞扬、肯定的话，一定要选。对于单项选择题中，如果答案看起来是理所应当、天经地义的，那么你就要小心，这可能是高考老师设计的一个陷阱。错误很不明显但是又肯定存在，并且只要我们细心一点儿就可以发现，所以，在遇到这种题时，就要绝对小心，只要我们足够小心，这样的陷阱绝对是不足惧的。

关于政治问答题的回答技巧，除了要形成体系外，在平时的训练中，我也有一些很不错的方法。比如，对于即将面临高考的高三学子

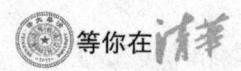

来说，每天花大量时间来手写答案繁多的简答题，我认为是不太适合的。那么，不写，又该怎么来复习简答题呢？——不写完整答案，只写自己的答案思路（A）（同时用大脑从事繁杂的语言组织工作），然后与正确答案（B）进行对比，找出（A）（B）之间的差异，肯定（B）的同时，也要大胆地承认自己的答案较之于（B）的优势。对比总结后，得出一份比较完整同时又适合自己的回答模式，然后将其记住（记忆是为了解决题型类型化问题），此方法同样也适用于历史、地理。

二、历史篇

历史是文综中花时间最多的科目，因为它实在太琐碎，难就难在如何很快背下那么多东西。方法就是将之条理化。现在的课本为了增强可读性，写得如小说一般，但我们要把它拆成一句一句、有层次的"目录"。比如课本讲延安整风只用四行，我们却可以从中梳理出时间、背景、内容、意义、性质等。除了背书，历史的分析能力也可以从梳理课本中掌握。如讲到意义，可以从国内国外、近期远期、反对什么、建立什么等方面来谈，这些在书中都有具体事例。

有了这两种能力，就可以自己梳理小专题，跨课抓线索进行总结。如古代史中有政治、经济、文化、外交等线索，各个"治世"形成的原因、意义基本相同，世界史中有资产阶级革命、全球化进程、外交与战争等线索，几次工业革命的内容可以类比等等。

学历史不能三天打鱼两天晒网，当天学的应该当天消化。先仔仔细细看一遍当天讲的内容，提出问题，然后合上书看自己能不能复述出这一课的框题，也就是要背下框架。然后找一些同步的习题来做，以选择为主。做完题改完错后再看一遍书，着重看看错了的知识点。这样的话一块知识就温习了三遍，巩固了当天所学。一段时间以后还应该自己对学过的这一段历史时期做一个总结，不用太具体，只要提纲挈领即可。以后复习的时候先回忆自己写的总结，然后对照总结回忆书上细碎的知识，生疏的地方做个记号，然后再看一遍书，边理解边记忆，再提问题（不要过细）。只有这样反复来过才能记得牢。

三、地理篇

很多人说过，数学和地理是文科生最难跨过的槛，这绝不是夸张。但是既然选择了文科，我们就必须接受这样的安排和挑战，绝不可轻言放弃。然而，接受这样的安排，不代表我们就只能消极待命，相反，我们更需要迎难而上，急流勇进。

对于很多同学而言，政治、历史再难，但只要背了，基本上也能够得到较满意的分数，但是地理却不是如此。地理需要记忆吗？当然需要，这毫无疑问，而且很多知识都需要我们课下的背诵记忆（如世界地图、中国地图、各地区的经纬线等等）。但是，要真正学好地理，仅靠记忆是绝对不够的，更多的是需要我们的逻辑推理，比如在分析某个自然现象时，单纯的记忆是不能给我们很好的提示的，此时需要的是我们对该自然现象发生背后的深层原理和精神实质的掌握。不过地理有时是有答题套路可遵循的，需要我们平时注意总结，比如，问某个地区为什么适合发展种植业，大体上就要从自然条件（水源、地形、气候等）和社会条件（人口数量、历史习惯、科技等）着手。

最后，考试的时候一定要好好写字！必须要承认的是，文综是一门文字型的考试，需要我们做大量的文字工作，所以我要告诫的便是同学们的"字体"，字体一定要"干净"。"干净"包含了两层含义，除了通常所讲的保持卷面的干净外，另一层意思就是，字形干净利索，一笔一画，绝不含糊，让评卷老师看得清楚、见着明白。一手干净体面的字体是文综的基本要求，所以，那些字体并不漂亮的同学，不要担心，因为我们不需要漂亮，我们需要的是不含糊和干净清楚。

姓　　名：王子君
名　　次：浙江省文科状元
院　　系：清华大学心理学系
毕业学校：杭州二中
人生格言：日日行，不怕千万里；常常做，不
怕千万事。
高考成绩：687 分

英语为我叩开清华园之门

我是参加 2011 年高考的一名考生。在此次高考中，我的英语单科成绩为 143 分，为我考入清华大学奠定了基础。

高中英语内容多且杂，考试题型多、信息量大，因此英语对于高三学生来说是一个难点，令许多学生倍感头痛。若想在高考中取得高分，你就需要在高三的复习过程中贯彻科学的备考方法，掌握一定的复习技巧。下面，我简单地谈一下我的高考英语备考经验，希望能为学弟学妹们提供一点儿可以借鉴的方法。

我的英语学习方法总结起来就是三个字：频、细、持。

"频"就是强调学习英语的频率一定要高。因为人都是有忘性的，而抵抗遗忘的最好办法就是不断重复记忆、及时复习。最好的学习方式则是天天接触英语，比如读英语文章、看英文电影等。限于现在学生的学习任务与日俱增，时间所剩无几，我以我的亲身经历建议大家，每个周一到周五可以抽出两天专门进行英语学习，其余时间只要看看书、背记词组即可，周六、周日尽可能多看一些英语文章、英语书籍，多听听英语新闻。

"细"就是强调学习英语的时候一定要精细，每一个细小的语法点、单词的用法都不能错过。最后复习的时候，如果有充足的时间，一定要尽可能全面地复习学过的单词、词组、语法，在时间不充足的情况下，则要按照知识点的重要性，确定复习顺序。

"持"意味着坚持，冰冻三尺非一日之寒。英语，远不是高考前可以学完的。养成持之以恒的习惯，对于英语学习是非常必要的。

系统地复习英语，一定要从夯实基础开始。众所周知，语法和词汇是英语的两大组成部分，也是高考英语最基础的框架。只有搭好了这个框架，才能在其上搭建句子、段落乃至整篇文章。我国大部分省市的高考英语试题中都有考查词汇和语法的选择题、填空题和改错题，这些题目直接考查考生对于知识点的掌握程度，除此之外，阅读理解和作文题也间接地考查了学生对词汇和语法的运用，可见其所占的分值之大。因而，要想学好英语，首先要扎实、全面地掌握高考大纲中的所有词汇和语法，强化记忆，提高熟悉程度，做到信手拈来。

打好了基础，工作就完成了一半。最主要的是我们还得将它们应用到解题拿高分中去。

首先，我谈谈做练习题吧。我做完的习题集恐怕有一米高，不能说少，但是我的考分却始终徘徊在135分左右。究其原因，我想，这主要是因为各个学习阶段的决定因素不同。题海战术是没有必要的，但做一定量的典型练习来巩固所学知识是必不可少的。在前期巩固知识的阶段，海量的习题能让你迅速地掌握知识。但是它给我的好处是递减的，也就是说，到了后期拔高阶段光做题是远远不够的，还要体悟英语的精髓和妙处。

怎么做题呢？首先要重视基础练习，多做一些语法方面的专项练习。一本"错题集"很有必要，它能帮助你查漏补缺，对知识的掌握有极大功效。我的单选经常满分，这主要是错题集的功劳。然而不得不承认，我有时也会因平时错误信息误导而错选一两个，这就提醒大家平时学习时一定要仔细，把看过的东西审一审，宁可少记，也不可记忆错误的。

其实，如果平时将老师布置的练习全部认真完成，在高考中，成绩就不会太差，尤其是语法单选和对话部分。学习英语最重要的是不要间断，否则会忘得很快。大量的练习很有必要，它有助培养语感，提高阅读速度。

听力的训练不一定要做题，可以听英语广播等。要重视动词的用法（包括和介词的搭配），对单选、作文都有好处。小的动词用好了，往往会给作文添彩。此外，有些同学可能想在高三背些单词提高词汇量，建议大家不要贪多，而要保证质量（我就吃了这样的亏）。到了第二学期就不要疯狂背了，相对而言太浪费时间了。

英语试卷中最重要的是阅读部分，而不是单选。因为阅读分值大、用时长，而且阅读量在高考中不断加大。其实高考时，你会觉得那张英语卷子是你做得最慢的一次，因为阅读中的每道题都要推敲一番，完全没了平时的潇洒。因此要在平时就重视阅读。接下来我详细地谈谈高考英语中最重要的部分——阅读。

毫不夸张地说，我平时一天完成 1 到 3 套试题，也就是 5 到 15 篇文章。当然快速和精准是长期艰苦训练的结果，高分全然是练出来的！我觉得，要提高理解能力和真正读懂文章，从根本上来说这取决于你对背景知识的了解程度，它包括词汇量和与文章相关的知识背景。诚然，有很多老师会强调阅读考的只是阅读。我觉得，一旦了解了背景知识，理解文章就比其他同学更胜一等，而与此同时你也进一步丰富和扩大了相关背景知识，最终形成良性循环。

但是，我的失误在于过分讲究速度和效率，没有花足够多的时间经常重复（复习）已学过的内容，只求懂了则罢。语言的运用其实是一种技能。技能则只有靠熟能生巧，要不断地重复才会熟练，只有熟练了才会进入一种应用自如的境界。这应该是我们所追求的。

说到具体题型，特别值得注意的是推论题，因为它要求不能选原文中直接提到的东西。另外，"最佳"型题也很令人头疼，我觉得最好的办法是先有自己的思路，然后再去确定选项。注意要选最为朴实、最为直接的选项，那些比较含蓄，用了象征或借代等修辞手法的往往是迷惑你的。

回首往事，我觉得英语阅读练习在备考中一定要有针对性，只是一套套地做卷子既花时间又难以突出重点。我建议最好分专题，找弱项，进行强化练习，最好细化到具体的实实在在的题型，这样就能保证在常规题上不丢分了。

对于完形填空，我只有一点要提醒大家，意义往往重于词性。具体来讲，就是在进行选择的时候，有些词性不合理，但意义适合的词往往是正确选项。英语单词运用灵活，命题人往往会用"怪异"的选项来制造陷阱。

接下来我谈谈作文。众所周知，作文是平时积累的结果，我们要像对待高考一样来对待平时的考试，用尽浑身解数，拼命地用高级词汇和句型，而且要做到富有变化。做好了上述事项再来写作文就简单了。实不相瞒，我的英语作文分并不高，只有22分。但我有作文考满分的同学，看过高考满分的卷子，也做过对比，最终我觉得输在了基础。首先，我的卷面和字体不美观，留不住阅卷老师。其次，我只知道用难词，很巧妙的小词用得很少，这就显得做作。最后，我的作文细节处理不够到位。诸多因素导致我的作文很难得满分。

最后说说考试吧。考试是按点给分，所以要答题规范，牢牢抓住得分点。平时模拟考试要训练规范答题和提高快速答题的能力，养成规范、快速答题的习惯。

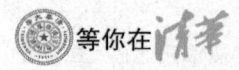

本文提到的内容是我多年来的经验总结，但不同人会有不同的方法，我的方法不一定适用于每一个人。在这里，我只是提供一种思路、一种参考，同学们可以总结出更适合自己的行之有效的方法。

最后要说的是，本文所谈到的技巧，只是针对考试这种特殊的检验英语学习成果的方式，而想要真正学好英语，必须要全方位提高自己应用英语的能力，而不是考试的能力。技巧是一时的，能力是一世的，技巧过若干年后可以忘却，而能力将伴随一生！培养对英语的兴趣是非常重要的，英语作为世界通行证还是非常好用的。

祝大家通过自己的奋斗走进自己理想的高等学府！

姓　　名：穆 昊
名　　次：新疆理科状元
院　　系：清华大学经济管理学院
毕业学校：乌鲁木齐市一中
人生格言：尺有所短，寸有所长。物有所不
足，智有所不明。
高考成绩：706 分

数学学习的经验和技巧

我从小就很喜欢数学，在小学、初中我的数学成绩一直很好。上高中时，老师鼓励我参加了一些数学竞赛，也取得了一些成绩。我经常为了做出一道题目，花费几天的时间去苦思冥想。我想，正是这种对数学的热爱，让我不仅取得了好的成绩，也培养了我的毅力。当然，不是所有人都喜欢数学，甚至也有许多同学因为数学成绩不理想而十分苦恼。针对这种情况，我认为大家应该做到以下几点：

一、坚定信心，端正心态

一个人要挑战自己，靠的并不是投机取巧和耍小聪明，最重要的是信心。人有了信心，就会产生来自意志的力量。人与人之间，强者与弱者之间，成功者与失败者之间最大的差异就在于这种意志力量的多少。人一旦有了意志的力量，就没有做不到的事情。而我们要在高

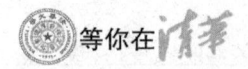

三一年来改变自己数学的现状就得对自己提出挑战，同时也需要这种来自信心和意志的力量。

我们要树立坚定的信念，相信自己一定可以学好数学，但是也不要给自己很大的压力，尖子生可以考到 140 分，那我们争取考到 125 分或者 130 分。其实，在数学考试中，并不是所有的题目都是给那些尖子生准备的，我们一样可以准确地解出那些低中档的题目。如果能在高档题目（如最后一个综合题）再写出几个基本的步骤得到一点步骤分的话，相信我们的数学成绩一定会在 130 分左右的。这样，即使数学不是我们的强项，我们一样不会和那些所谓的尖子生有很大的差距。这样，也就在无形中给我们的高考成功增加了有力的砝码。

其实，高三中最难熬的并不是考试和作业，而是在一次次检测后对自己不断否定又不断肯定的念头。我始终坚信，成功的人永远是可以战胜自己的强者，是拥有超乎常人的勇气和信心的。同样，只要我们具有坚定的信心和不服输的勇气，就一定能战胜自己的缺点，取得令自己满意的成绩。

二、学习方法

数学是一门逻辑性很强的学科，讲究分析与逻辑推理，学习方法是很重要的。所以我们在学习时就要培养和锻炼自己的推理和分析能力，拿到一道题先想想它的出题套路。在具体学习时要将所学过的知识前后连贯起来综合分析，这就需要通过一定的练习和大量的思考。总结我们学过的内容，研究没做出来的题目，从中得到经验，下次再遇到类似的题目时就心里有数了。另外，一本厚厚的错题集是非常有必要的，这个所有老师都会提出建议，就看你做不做了。

我个人的建议是：勤记笔记。我是复读生，我 2007 年学习和 2008 年学习的不同，就是我改变了学数学的思路——勤记笔记。现在想来，记笔记的好处太多了。平时在做题时，做完了一道题再翻翻笔记，看看还有没有其他的做法，培养思维的发散性。另外，因为数学要求解题过程的严谨性和书写的规范性，要有严密的逻辑推理，不容有误，所以记笔记可以帮助你养成缜密的思维习惯。毫不夸张地说，笔记是我数学考试比较成功的最大功臣！

在平时复习过程中，书本上方方面面的知识也许是最容易被你忽视的——大家都忙着做一道又一道的习题，买一本又一本厚厚的习题书，哪有时间去看课本。有些同学可能会想，数学又不是政治、历史，书上的习题又大都极简单，何必看课本呢？殊不知，课本对于数学来说，也是很重要的。高考数学试卷有 20% 的基础题目，只要你花上一点点时间把课本好好看看，要拿下这些题易如反掌。其实，中档题是简单题的小综合，不信你可以去查阅；而难题、压轴题更是命题人从教材上得来的灵感。我其实是在强调一点：一定要重视课本。因为课本是高考考题的发源地，一旦脱离了课本，不管你平时考的分数多么高，即使次次满分，在高考中你都有可能失手。

平时复习时要注意突出重点、构建知识网络。毫无疑问，函数、数列、不等式是高考的重点内容，高考十分强调它的综合性、思维性。所以最后的压轴题，如果是考代数，那么不是考函数就是考数列，而且往往和不等式综合在一起。高考卷子最难的题往往就在这一部分，但是好在常规的出题套路大家平时都练得很熟，即便很难也可把前两问拿下。

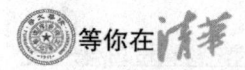

　　除了知识本身，我们更应该从揭示知识的内在联系上去理解。记得每次数学老师听完报告回来，就对我们强调高考命题人的命题原则是从"知识网络交汇点设计试题"。我感觉这个原则的分量特别重，中档题都是这一原则下的产物，所以平时注意融会贯通形成知识网络，在高考中一定占很大优势，即便题很难你也能保住平时的水平。但是要构建一个覆盖全面的知识网络实在是太难了，所以不妨构建一个局域的知识网络。比方说，我就以压轴题为中心建立了局域网，这不仅提高了解题的速度，更改善了整体答卷的协调性，可谓有了新的境界。

　　借鉴经验，学会做题时多想少算，以思考代替死算。这就要掌握一些常考的数学思维。我认为，数形结合是贯穿数学始终的一条主线。其实高考中很多题都可以用数形结合的思路去解答，一个草图半分钟之内就可能做对一道难题。平时做题就要有意识地培养这方面的能力，大家不妨对所有的代数题都画图，再想想其中的代数意义。我就是这样训练的，这个过程非常有意思。同时，在做题的过程中，特别应该注意思维的障碍。看看自己掌握的知识有没有漏洞，有没有把握，有没有理解到位。每次做题都应该有完善知识网络、提高思维水平的收获。或多或少都应该有一些收获，如果没有就要反思啦。

　　我们总有一种幻想，老师给我们的题型，和高考试题能对上号。但这样的事情几乎是不可能的，因为现在高考强调考能力。多个思维的途径，都可以得到结论，但都得认真分析清楚，理解到位，解题步骤清晰。非常值得一提的是，不是所有的题都要动笔做，自己感觉拿不准的题就要详详细细地做；难度特别高的题目不要盲目去啃，时间是整个高考复习中最宝贵的东西；特别简单的题目一定要保证正确率。

三、应考策略：

保持沉着冷静的心态。高考是一个所有人都平等地站在一起为自己搏击的战场，所以，一定要全力以赴。你一定要相信你的奋力一搏和你曾经的汗水，会换来你值得拥有的成功。不要想太多，以平常心应对最好。

考场上时间一定要分配好，根据平时解题的习惯做题，不要被试卷的难度影响，毕竟大家用一样的试卷，难易都是相对的。会做的题细心做，不会做的冷静思考。在考场上也要始终相信自己，给自己积极的心理暗示。

先猜后证，学会猜答案，不一味死算。如特殊值代入解题，推出一般情况；类比学过的公式，推出性质等等。举反例判断正误，画图辅助解题。先易后难，拿住能拿的分。正难则反，从补集的角度考虑问题。先正后反，对不确定的答案尝试着从反面入手检验。能写多少写多少，体现自己的思考，博取老师的好感。

另外，草稿纸要尽量写清晰，这是一个非常好的习惯。草稿纸乱实际上就是思路不清晰的外化，一是会影响做题的准确性；二是检查时需要重做，费时费力；三是最可怕的情形，当时间紧张题目又很难时，考生如果算到一半需要前面的一个得数却找不到，在高压的考场环境中几乎90%的人都会紧张不已，心理防线很可能完全崩溃。所以要规范草稿纸，每道题都应该有相应的区域，这种习惯要在标准化考试训练和模拟考试中养成。

最后，有一件事是肯定的，掌握数学解题技巧要以做大量的练习

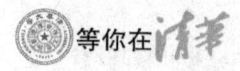

作为前提，有什么样的付出，才会有什么样的收获。

以上就是我对高三数学复习的一点建议，但毕竟我的知识和能力有限，可以提出的建议也很有限，甚至失之偏颇。希望本文对同学们有所帮助，并在此预祝大家在高考中取得好成绩！我在清华等着你，相信你一定能成功！

姓　　名：阎　博

名　　次：青海省理科状元

院　　系：清华大学建筑学院

毕业学校：湟川中学

人生格言：少壮不努力，老大徒悲伤。

高考成绩：646 分

高考应试技巧大全

思绪回到我高考前的一个月。在我们学校，一般到高考前一个月的时候，就进入了模拟考试的阶段。记得我的第一次考试结果让我颇受打击，因为成绩并不如我所想的那般好。对于一个即将高考的学生，考试结果不尽如人意是一件挺不爽的事情。

记得当时，我总结了失利的原因，有以下三点：一是因为考试发挥不好，似乎每次考试失败都会总结出这点，但是每次发挥不好的方式都有所差异；二是因为复习有漏洞，虽然每科这种丢分不多，但是几乎每科都有；三是因为当时身体不是很好，一直在感冒。下面就这三个方面与广大考生交流下自己应试的心得与经验。

一、调整压力，轻松应考

轻松应考，说起来容易做起来难。对于广大高考考生来说，只要他在乎自己的前途，知道高考意味着什么，那么他就会或多或少产生心理波动，想要完全轻松上考场，几乎是不可能的。而且俗话说得好，没有压力就没有动力，保持正常的压力对于高考中取得好成绩是必要的。

对于是否应该在意分数的问题，我的回答是正确对待，绝不能逃避式地忽略。很多同学不愿意去想自己的分数，无非是害怕自己考得不好影响心情，从而影响后面的考试，打击自己的信心。可是，换个角度思考，如果知道自己的错误，心里反而会踏实一些，因为不知道自己题目是否做错的时候，会产生侥幸心理或畏惧错误的心理，这反而会使注意力难以集中。

所以，在我看来，应对考场上的紧张气氛和心理波动的最好方法是勇敢面对自己，视压力为常态，坦然思考分数、考试的意义，从而保持从容和自信，全身心地投入到考试当中。

二、安排考场上的时间和做题顺序

大家可能觉得这没有什么好说的，无非是"先易后难""舍难取易"这样的老生常谈的话调，其实不然，这中间是有很多学问的。

可能很多同学在考试中都会有看表的习惯，会时不时地看一下手表，算一下离考试还有几分钟。这其实不是一个很好的习惯。其一，看表的时候会浪费时间，考场上是争分夺秒的，一分钟可能就意味着几千名的差距；其二，频繁地看时间会加剧自己的紧张心理，我觉得这是一个恶性循环，即越是频繁地看时间就越是紧张，越是紧张就越是要频繁地看时间。所以我建议大家考试时不要过于频繁地看表，只有当你遇到难题难以解答时看一下还有多少时间，以便合理安排剩余的时间。说实话，我在高三时期无论是月考还是模拟考试，从来都不带手表，就是凭着自己平时养成的节奏做题，所以我考试时的心态一直是很好的。高考时特意买了一个手表，但是最后也没有派上用场。

　　大家都知道，高考时的考场和座位是打乱的，可能你旁边的人成绩特别好，做题速度特别快，也可能你旁边的人成绩不怎么好，做题速度很慢。往往有些同学在考试时会受他人的影响：觉得别人做得特别快，自己怎么做得这么慢，于是就开始紧张，就什么也不顾地加快答题速度；也有可能别人做得特别慢，觉得自己做得很快，于是就得意扬扬，开始优哉游哉地做剩下的题目。这两种做法其实都是极其错误的。千万不要因为别人而扰乱了自己的心神，打乱了自己的答题顺序和速度。我其实是很认同平时一定要养成自己的做题习惯和节奏的，考试时就不会受到其他人的影响，自然而然就会按着自己的节奏一直做下去了。所以大家如果还没有养成这个习惯的话，那么从现在开始，大家可以尝试不带手表、不看时间，就是按照自己的答题速度和顺序掌握好自己的答题节奏，到高考时我想大家自然就会做到"荣辱不惊"了。

　　如果大家真的掌握了自己的答题节奏的话，其实没有必要担心你的时间不够。就我个人经验而言，我的语文、文综、英语三场考试答完后还剩下半个小时，数学剩下 10 分钟，四场考试中我都没有看过手表，这和我平时模拟考试的速度差不多。当然了，考试中怎样安排答题顺序确实很重要，这其实是一个怎样安排难题的问题。很多人觉得答题时间不够的主要原因是浪费了太多时间在难题上，从而导致没有时间做后面的题目。可能大家平时做模拟题的时候已经发现了，事实上现在的考卷并不是按照一个"先易后难"的顺序来安排题目的顺序的。所以大家一定不要以为前面的题目一定是简单的，然后不会做也拼命做；觉得后面的题目一定是难的，看也不看就放弃了。这样的做题战略是极其错误的。

　　我始终坚持，一张卷子，你要按照它原来的顺序去做，千万不要跳来跳去地做。就拿语文来说，可能有人拿到卷子首先瞄一眼作文

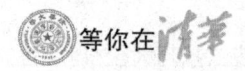

题，觉得很有灵感，于是开始先写作文；写到一半看看别人卷子已经翻到第三页了，心里就开始紧张，想着自己是不是太慢了，于是又倒过来开始做选择题；听到别人翻卷子的声音，看看时间，就开始认为时间不够了，加快速度，不管三七二十一，先写满了再说。这种做法，其一导致浪费时间，其二导致心态不稳，其三导致质量低下，是要不得的。出试卷的人既然这样安排试题顺序，就必然有他的合理性，所以大家还是按照从头到尾的顺序做题比较好。而且大家在第一遍做题的时候不要想着你还会有时间来重新检查一遍，所以做的时候就要非常仔细、非常认真，确保100%的正确率。事实上，我每一次模拟考试都是只做一遍的，不给自己回头检查的机会，目的就是要养成第一遍就保证正确率的做题习惯。

三、高效检查制胜之法

很多同学对于检查试卷的认识都有误区，认为只有全做完了才开始检查。其实高效的检查法都是融入做题过程中的，这样不但可以节省时间，还让你心中感觉踏实，从而使你做后面的题时更自信。

高效检查需要一定的技巧，这些技巧都是在平常做题时不断总结出来的，而且经过了实践。所以你在看待你的答案是否正确时就会有一定的感觉，凭这种感觉你大概能知道自己的答案是否正确。

在检查数学选择题时，我常用数形结合的方法，利用比较标准的草图验证一下答案，又快又准。如果一道题有两种解法，还可以用另一种方法计算一遍，看结果与先前的是否一样。抑或直接取特殊值，带入检验。还有选项比较法，将计算出的答案与选项比较，同时思考一下刚才的计算过程，假设自己在计算过程中哪步变化一下，看看能不能得到其他答案。这种方法往往能帮你看穿出题人出选项的用意，使你对正确的答案越发肯定。经常使用的话，就会对题目有某种特殊的感觉了。

在做物理题时可以采用以下方法。量纲的检查：如果你列了一个很长的计算式子，先不要着急去计算，先检查一下量纲的计算结果。如果量纲得的是焦耳，而你要求的是力，那么就需要检查过程了，如此避免辛苦半天，结果得出错误答案。数量级的检查：即对所算出的电压电流、磁场强度、做的功等物理量的数量级进行检查。以磁场强度为例，当你发现求出的数值的数量级很大（实际中很少有很大的磁场强度），那么很大的可能是你的计算出错了。易错点检查：首先，需要你平常总结自己的易错点，在考场上遇到相同的题型就着重检查一下此类问题中是否存在类似易错点，看看你是否掉入了出题人设置的"陷阱"，如此，可以大大提高中高档题的正确率。比如在用动量定理时，你是否列出了合外力方程式，而忘了重力的存在；用动量守恒时，条件是不是满足；用左手定则时，是不是用成了右手定则；等等。

其实还有很多高效的检查法，但这些都需要自己平常去总结体会。在考场上答题时，及时用一些高效的方法检查，一定会使你做题快而准，答后面的题目更加成竹在胸。

对于已经经历过大大小小无数次考试的你，高考只不过是那些考试的一次简单重复，何苦给自己增加紧张情绪呢？在考场中你就应该抱有这样的想法：高考是考，中考也是考，小考还是考，平时测验同样是考，既然本质上都是考，已经习惯了考试的你对高考还有什么好紧张的呢？相信自己一定能够取得好成绩吧！

姓　　名：林　鑫

院　　系：清华大学机械工程系

毕业学校：北京市广渠门中学

人生格言：Do not linger to gather flowers to keep them, but walk on, for flowers will keep themselves blooming all your way.

高考成绩：655 分

让梦起航

　　高考，这是所有高三学生生活的关键词。做不完的习题、背不完的单词、搞不清的知识点……曾经为了高考我们放弃很多，漫画、游戏、音乐，甚至想看的书都被束之高阁。但是，有些事情是没有选择的，既然我们不能回避，那么不如积极地去面对。有很多事情是经历之后才看得清的。现在回头想想，高三其实并不只是痛苦和无奈。人生中有一段特殊的时间，可以让你暂时忽略很多琐碎的事情，只专注于自己的目标，执着于梦想的方向，并且，努力地坚持走在通向它的路上。这样的奋斗，未必不是一种快乐。

　　一、心态——这是成功必要的条件

　　面对高考，要有好的心态，这是很多人在强调的事情。不要对这一点产生怀疑，也不要因为很多人强调这个问题就对它抱有厌烦情绪，之所以有那么多的人看重心态，是因为它的的确确很重要。曾经有人做过一个很有意思的计算：如果令 A 、B 、C ……这 26 个字母分别等于 1% 、2% 、3% ……那么来算一算什么对于我们的生活是最重要的：努力工作？Hard work ＝ 8 ＋ 1 ＋ 18 ＋ 4 ＋ 23 ＋ 15 ＋ 18 ＋ 11 ＝ 98%；知识？Knowledge ＝ 11 ＋ 14 ＋ 15 ＋ 23 ＋ 12 ＋ 5 ＋ 4 ＋ 7 ＋ 5 ＝ 96%；而好运呢？Luck ＝ 12 ＋ 21 ＋ 3 ＋ 11 ＝ 47%，这些通常被认为是重要的东西往往并不是最重要的。还有什么呢？金钱？不是，Money ＝ 13 ＋ 15 ＋ 14 ＋ 5 ＋ 25 ＝ 72%。那么什么能使我们的生活真正变得圆满呢？每一个问题都有其解决之道，让我们把目光放得长远一些，Attitude ＝ 1 ＋ 20 ＋ 20 ＋ 9 ＋ 20 ＋ 21 ＋ 4 ＋ 5 ＝ 100%。好的心态，可以让我们的生活达到 100%。

我承认，每天面对做不完的练习册、看不完的教参确实不是一件令人愉快的事，但是所有的收获都是要有努力做前提的。既然无论如何我们都要去做，那为什么不尽最大的努力去做好呢？对于一个高三的学生来说，好的心态，不是永远积极向上或是乐观豁达，而是平静。"非淡泊无以明志，非宁静无以致远。"高三生活中很多事情都会影响你的心情，糟糕的考试、退后的排名、自主招生、志愿填报……太多的事情能够拨动你的神经。我们不能完全消除它们的影响，但可以把影响控制在尽可能小的范围内。

每天起床，面对镜子，给自己一个微笑，这是美好的一天，这一天你又可以通过自己的努力向梦想靠近一步。

二、效率——时间应用很重要

进入高三，时间变得尤其紧迫。每个人拥有同样多的时间，谁都不会比谁多或少，而产生差距的原因，在于效率。要高效地去学习，而不是长时间地学习。而提高效率最好的方法，就是集中注意力。在听课和自习时，要学会专注于眼前的功课。也许开始时做到长时间的集中精力会有困难，但要坚持，使自己注意力集中的时间渐渐变长。不久之后你就会发现自己可以长时间地专注于一件事情，而专注所带来的学习效率的提高会很明显。这相当于你比别人赢得了更多的时间。

注意休息也很重要。我并不认为熬夜就是学习努力的表现，学习的时间视个人情况而定。良好的休息会带来良好的精神状态，也就有助于你更专心地学习，这样效率的提高就是一件水到渠成的事情，用更短的时间完成更多的学习任务，也就有更多的时间可以休息……形成这样的良性循环，成绩的提高不会很困难。相反，晚上熬到很晚，睡眠得不到保证，第二天上课势必会受影响，昏昏沉沉什么都听不进去，自习时又迷迷糊糊不能集中精力，本来一小时可以做完的练习拖到两个甚至三个小时还是不能完成，就又要熬夜……如此恶性循环，怎么能让你在激烈的竞争中高人一等？

可以试着做做规划。这是有效利用时间的一个方法。规划不需要做得太过具体，也不用耗费太多的时间与精力。一方面对自己的复习进度有一个大致的把握，例如，一个月完成化学知识点的复习，这样就要一个星期复习完化学第一册的知识点，为了完成它，你就要每天花一定的时间来看看化学书和教参。这样的过程实际上已经让你自然地确定了每天的规划。另一方面是一些不属于长期规划的内容。可能今天的数学作业有一道题不会做，那么明天要花一些时间去问问老师或者和同学讨论，第二天的规划就要加上这一项。规划没必要一定落在笔头上，关键是你要清楚自己应该干什么，正在干什么，以及将要干什么。其实只用每天晚上睡前想一想第二天要完成的任务，然后好好地睡一觉，明天再努力去完成它。

三、方法——学习的小建议

先从语文说起。可能很多人都不知道语文要怎样去提高，但其实对于高考来说，不只需要文学的积淀，理性的思维也很重要。该背一定要背，这是硬件。对于诗歌鉴赏、文言文阅读、大阅读以及语言运用，最重要的是审题。这些是可以通过做题来提高的，但不要盲目地单纯去做题，而要在练习中归纳总结。作文的成败也在很大程度上依赖于审题。明确的题目，绝不跑偏的立意，清晰的结构，这是关键。如果想创新、显文采，那就在形式上、语言上下功夫。

数学和物理的提高，在很大程度上依赖于做题量的积累。只有在深刻把握了知识点后，能灵活运用它们，才能有好的效果。而化学和生物相对来说要掌握的知识更多更零散，这就要形成知识网络，对这些知识要融会贯通。

英语，就是要多背多做，除此之外，别无捷径。

成绩的提高有多方面的因素，学习方法也因人而异，关键是找到适合自己的，然后积极地去实践它。把对学习的厌烦情绪清扫干净，要相信，只要你努力了，就会有收获。

高三，这是一个可以用很多词汇来描述的阶段，是我们都要经历的过程。在这段痛并快乐着的日子里，希望你们可以用努力镌刻青春的轨迹，描绘梦想的形状。"我不去想是否能够成功，既然选择了远方，便只顾风雨兼程"；"我不去想身后会不会袭来寒风冷雨，既然目标是地平线，留给世界的只能是背影。"你们的，我们的，梦想，终会实现。

姓　　名：陈笋如
院　　系：清华大学医学院生物医学工程系
毕业学校：杭州余杭高级中学
人生格言：宝剑锋从磨砺出，梅花香自苦
寒来。
高考成绩：724分

走过高考

转眼间，已是11月末，清华园中的生活，充实而忙碌。高考的那段经历已经与我们渐行渐远，高考的一切，本以为恍如隔世，而细细搜索自己的心底，却发现，它在心中，根深蒂固。

一、学习方法及备考经验

关于学习方法和备考经验，我想说的不多，因为学无定法，学习本来就应靠自己摸索适合于自己的方法。但是，还是有一些有必要留意之处。

第一，"态度决定一切"，这是米卢用在足球场上的一句名言。其实，在学习上亦是如此。学习固然需要合适的方法，但"不想当将军的士兵不是好士兵"，有一个端正、积极的态度以及进取之心是取得理想成绩的最基本要求。

当然，仅有态度还不够。很多同学都有想好好学习，但又总是因为这个那个原因不能够静下心来学习的感受。我想，这是因为自制力还不够。这些同学需要做的，就是提高自控能力。根据我的个人经验，我认为最简单实用的方法就是不断尝试，不断地尝试着控制自己去做或者不做一些事情。这个过程非常需要耐心。

第二，关于学习计划。我常用的控制自己的方法是制订计划，有人爱用"计划赶不上变化"来反驳。其实，人都有惰性，但只要自己有信心，也有愿望把计划完成好。在一次次失败之后，总有一天，你能将计划圆满地完成。不过，一定要考虑到计划的合理性。计划是指引方向的罗盘针，而不是压在身上的千斤顶；计划的目的是更合理、更规律的生活，而不是被束缚得狼狈不堪的生活。我认为，即便是高三，生活也不该只剩下学习。记得我在最后冲刺阶段时，周末仍然会打打球，玩玩电脑，这样，不仅仅是对紧张的学习的一种适当的放松，也让自己的心情得以舒缓。我以为，这便是所谓的"文武之道，一张一弛"。

第三，关于睡眠的问题。我认为要根据自身情况而定，毕竟有的人精力好，有的人需要较多的睡眠时间。但熬夜的底线是保证白天的精神状态，毕竟，晚上的学习效率一般是让人不敢恭维的。熬夜熬到白天哈欠连天，实在是得不偿失。

第四，学习还得懂得思考。所谓备考冲刺，需要用题目来训练自己，但比起题目本身来说，更重要的在于思考一道题目存在的原因，思考这道题想要考查的知识点或者解题思路。这样，才能做到触类旁通，学习，也就自然事半功倍。

最后，不论是对备考冲刺的高三同学，还是对高一高二的同学，学习所必需的，也是最最重要的要素，就是勤奋。我觉得，我最终能考进清华的秘诀，除了幸运之外，主要便在于比别人多了一点点勤

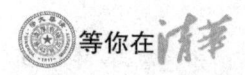

奋。历史上依靠勤奋而获得成功的事例数不胜数，而对于学习来说，没有了勤奋，纵使天赋过人，成功也只是空谈。

二、家庭教育

正如基因的表达受环境的影响一样，我们的学习也无时无刻不受到周围环境的影响。而在这环境中，一个很重要的因素就是家庭教育。

我始终坚定不移地相信，在我 17 年的生活中，我的父母始终如明灯般指引着我前进的方向。我能够进入清华园学习、生活，我的父母可谓居功至伟。虽然在高考的征途上，父母不能和我们同舟共济，与我们一起搏击风浪，但他们，却一如绵延的海岸，永远守候着我们，在身后默默地支持着我们。

在他人眼中，我的父母只是两个平平凡凡的教师，而对于我，他们的点点滴滴却足够让我受用终生。是他们对我 17 年来的教育，让我拥有了端正的态度，学会了自制，懂得了勤奋。从我的角度看，我以为，在家庭教育方面，他们做得最成功的有以下几个方面：

第一，他们给了我一个自由的童年。

其实，说到家庭教育，我最想感谢父母的是：他们在我小的时候没有逼我学很多东西，没有像现在的很多父母那样按制订好的英才计划去培养我，没有让我上什么学习班。我拥有一个足可以称之为天真烂漫的童年。现在回头想想，如果当时父母的想法稍有不同，真不知现在的我会是什么样。

第二，他们在生活中为我树立了榜样。

榜样的力量是无穷的，更何况是与我们朝夕相处的父母。父亲曾对我说过，无论做什么，都要无愧于心。他们不用言语，只用实际的行动，用生活中的点点滴滴，影响着我、感召着我，教会我如何学习、如何做人。

父亲是一个勤奋、追求上进的人，数学专业毕业的他，自学英语，已经能够做到双语教学。听 BBC、进英语聊天室聊天、读 *China Daily*，他每天那高涨的学习热情让我深有感触，也在潜移默化中，感召着我更加勤奋地去学习。

第三，他们充分理解我，是我精神的支柱。

毋庸置疑，备考冲刺是辛苦的，甚至在某种程度上是痛苦的，高三的学生难免会出现情绪的波动。这个时候，作为父母，哪怕是一句小小的鼓励或者安慰，都有助于我平复心情，以便更好地学习。

学得烦躁时，他们耐心地听我发牢骚；考试考砸时，他们细心地安慰我。父母能做的或许只有这些，但这些，却足够让我感受到父母无微不至的关爱，感受到在我背后，有两个强大的精神支柱，助我在备考之路上，坚持，坚持，再坚持。

当我走过高考，回首来时路时，不禁感慨满怀。在备考的整个过程中，是父母陪我一路风风雨雨走来，是父母默默地支持和不断地鼓励，让我不断收获和提高。这种力量让我"胜不骄，败不馁"。这种爱，是父母给予我的，是对我毫无保留的爱。

三、结语

高考，是人生的一次历练，经历了，就多了份宝贵的财富。以上便是我的一点经验和想法，希望对学弟学妹们有所帮助。

最后，用一句古话与学弟学妹们共勉：宝剑锋从磨砺出，梅花香自苦寒来。

也衷心祝愿所有学弟学妹们学业有成！

等你在清華

姓　　名： 杨 雷

院　　系： 清华大学机械工程系

毕业学校： 四川省南充市第十中学

人生格言： Never trouble trouble, till trouble troubles you!

高考成绩： 627 分

关于高中学习方法

　　作为高考的过来人，如果说我做得还算比较出色，那么我觉得从自己经验来说，高中学习贵在积极、正面、乐观。

　　我认为高中学习想要最终有些成绩，必须极大程度地调动个人的主观能动性。对于学习，一定要时常保持积极和进取的态度。积极主动地接受并出色地完成自己的学习任务，就像是走一条充满荆棘、崎岖不平的山路，既然知道了无论怎样我们都必须走过去，那为什么不乐观地接受这个任务呢？积极地、充满激情地走完这条路，而不是一路抱怨心有不甘，这样的人才是明智的人。有了好的态度，如果再加上一些有效的学习方法，学习就会变得轻松。经过高考检验的我或许对此有一定的发言权。

　　首先，在很大程度上，要听老师的话。这不是简单的幼儿园老师所教给我们的，我们所谓的听老师的话，是指学习上的听从（当然，

— 86 —

不是盲从），是要跟随老师的教学步骤完成学习任务。要相信老师的能力，他们比你更了解高考，比你更了解如何学习、如何有效率地学习。听老师的话，有时候就是有效学习的一个简单直接有用的方法。

然后，我觉得上课的听课效率是影响学习效果的一个非常重要的方面。课堂上听懂知识，比你自己在课后自学补习什么的强得多。我上高中时，曾经就在这方面吃过亏，不过，幸好我及时改正，紧抓上课效率，这样不仅自己内心没有了那种内疚感，而且课下能有更多的时间和精力去巩固已获取的知识，使自己拥有提高的基础。老师要有效率地教授知识，学生要有效率地获取老师在课堂上教授的知识，达到有效教与学。作为学生，应该做到上课要认真听讲，不跑神或尽量少跑神。不要以为老师讲得简单而放弃听讲，如果真出现这种情况可以当成是复习、巩固。如果经常走神，那学习效率一般不会很高，显然就应该力争找到实用方法尽快将注意力转到课堂上来。提高注意力的好方法就是要参与课堂，跟着老师的思路走。当你感到注意力分散的时候，要心平气和地告诉自己，将注意力转到学习上来。当然你也可以把你每次跑神的原因写下来，并搁一段时间看一下，你会感到无聊，也就不会跑神了。

上课要以听讲为主，并且需要记下一些重要的知识，比如好的解题方法、好的例题、听不太懂的地方等都要记下来。课后还要整理笔记，一方面是为了"消化好"，另一方面还要对笔记做好补充。课下要独立做题，题目要有一定的数量，更要有一定的质量。独立做题能够很有效地训练思维，不要害怕在这个过程中走弯路，这都是正常的，也是成功所必需的。特别是到高三的时候，题目一定要保质保量，可以对以往的高考题多加研究，是研究而不是简简单单地做往年高考题，而且建议高三学子们，不仅要研究题目，做到举一反三，而且还要注意研究答案，考虑答案的组织方式。这是解决明白意思但写不好答案的一个行之有效的方法。

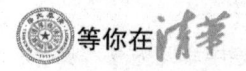

学习要充分利用时间。对于一个有较强求知欲的学生来说，会感到时间非常紧张。记得鲁迅先生曾说过，时间好比海绵里的水，只要去挤总会有的。挤时间也要讲方法，制订一个切实可行的计划，使自己做任何事心中有数，这是经济地安排时间的首要条件。一天的时间是有限的，作为高中阶段的学生除了休息等日常生活时间的支配外，其他时间都可用于学习，一般来说，可以保证 10 小时左右，但有效学习时间应是一个变量，以及效果的高低也会因人、因地、因时各有不同。还有就是多跟一些学习自主性较强的同学（不特别强调学习成绩）接触，感受他们的学习态度，反思自己的学习行为。想一想在高中的低年级时就认真学习，我会是现在这样吗？我是不是早就提高很多了呢？而不是临近高考或者高考结束时大声疾呼：Given one more year, I can do it much better！

当然，多跟成绩好的人接触交流也是有好处的，学习是需要交流的，交流学习方法和对某一个题目的心得都行。有时候优生之间的交流不是太多，但只要你想更上一层楼，你就应该学会主动。竞争是必要的，但良性竞争是最必要的！要学会欣赏别人！你要知道，如果最后清华能有你的同学伙伴，这是一种幸运，你的福气！高中时，我们寝室除了我还有俩同学成绩都不错，很多次考试我们仨就是学校前三名，第二次模拟考试时，我们仨是市里面的第一二四名。我很欣赏他们，经常想象我们仨一起步入清华的校门，那该是怎样的一种幸福呀！

最后谈一谈考试吧。考试时，很多人都认为不能发挥出自己应有的水平。决定性的因素一般有三个：一是学习因素，即知识能力的水平；二是心理因素，即情绪、意志等状况；三是方法因素，即会不会应考的问题。对参加考试要有一种积极的态度，不要给自己再施加压力。临考前，不要去想考试成败将会给自己带来什么后果，尤其不夸大考试成败的影响。考试前要休息好。临考前要减轻学习负担，要保证充足的睡眠，要适当进行文体活动，要保证身体键康。在考试过程中，注意答卷顺序，按先易后难的答卷法做题，审题要认真，想不起来，先放一放，做好后要仔细检查，更正错误。

　　综上，个人认为，高中生朋友们要积极乐观地面对学习生活。积极学习，积极应考！希望学弟学妹们最终都能取得一个令自己满意的成绩，学长学姐们等你在清华！

姓　　名：程思亮
院　　系：清华大学汽车工程系
毕业学校：江西省婺源县天佑中学
人生格言：天道酬勤！
高考成绩：657 分

厚积薄发，天道酬勤

在进入正题之前，我想首先申明的是，撰写此文的目的，在于与祖国各地千千万万为高考而努力奋斗的普通学子们交流心得体会。对于自认为是"天才"的朋友，请你们大可不必花费时间阅读我这个普通人的拙文。但是，我想给你们的忠告是：绝大部分能走进清华园的学子们，靠的并不是高人一等的天赋，而是异于常人的勤奋和量身定做的诀窍！

一、天赋篇

需要承认的是，不同人确实具有不同的天赋，每个人的天赋都有差异。也许，对有些人来说，学习真的是一件比较困难的事情，而对另外一些人（比如能够来到清华的同学们）来说，学习是一件比较轻松、易于上手的事情。但是，悲哀的是，太多人用这个作为借口，说自己不是学习的好料子，进而不断沉沦，丧失自我。试问，在没有确凿的证据之前，你凭什么认定自己没有足够的天赋？换言之，你这不是在无端污蔑自己的父母没有给予你足够的恩赐吗？退一万步说，即便多方证实，你确实没有读书学习的天赋，你就有资格堕落吗？岂不闻三百六十行行行出状元？没有读书天赋，不代表你没有其他的天赋。放弃自己，不去挖掘那得天独厚的一面，你有何面目面对父老乡亲？在你不断哀叹苍天无眼的时候是否曾想过，其实，上天是最公平的，你应得的它早已赐予你。现在的境况，更多的是因为自己没有努力造成的！

二、勤奋篇

我们平时肯定都通过各种渠道读到过很多介绍学习技巧的文章，从这些文章中，我们总能读到这样的信息：有好的方法，轻轻松松就能进清华北大。我想说的是，以我的理解，写这种文章的不外乎两种人：第一种是真正的天才；第二种是想向大家炫耀他有多"聪明"。也就是说，这样的文章中的要义，对大多数人是不适用的。又或者说，轻轻松松上清华北大仅仅是个美好的愿景而已。要实现自己心中的理想，是要付出足够的努力的。天道酬勤是中华民族五千多年文明得出的宝贵经验，它的真理性和两点之间线段最短一样不容置疑。所以，无论你有多大的天赋，你都必须保持勤奋，否则，结果很难预料！

三、技巧篇

前面强调了关于勤奋的一些问题，但是勤奋仅仅是必要条件之一，并不能构成充分条件。虽然谁也不能拍着胸脯说我知道高考成功的所有充分条件，但是，我们总能一步步去完善充分条件。技巧，就是很重要的一环。

1. 合理安排时间

我先说一下我高三的大体作息吧。

6：30 起床、洗漱、吃早点。

7：00 赶到学校早读。

7：35 开始上午的课程。上课做到聚精会神，下课抓紧时间放松身心，与同学联络感情，讨论问题。

12：00 上午放学。赶回家吃午饭。与父母共进午餐也是一种享受。

1：00~2：00 午睡一小时，为下午和晚上较长时间的学习蓄足精力。

2：20~5：00 下午上课。具体与上午基本相同。

5：00~6：40 课外活动时间。为节省时间，这段通常不回家吃饭，就在学校解决，把剩余的时间用来学习。当然毕竟是课外活动时间，一周一到两次的篮球是少不了的。

6：40~7：20 晚读时间。

7：30~9：40 晚自习时间。充分利用晚自习时间来保证足够的练习量。这也是必须保证午睡质量的最重要原因。

10：00 回到家里。洗漱完毕后，和母亲聊聊一天发生的事情，看看晚间新闻。

11：00 进卧室进行睡前阅读，主要针对满分作文、优秀散文、古诗词等。

11：30 准时睡觉。

这是一份适用于我的作息时间，不同人当然是根据自己的特点制定自己的时间表。也许有人会说，这份时间表并没有体现我有多努力多勤奋，甚至还有点贪睡，不如一般人呢。但是，请注意，用心去学，提高效率，远比盲目用功更有效。充足的睡眠是效率的保证。早晚读、上课和晚自习时间是经不起浪费的，需要我们严格抓紧，不断完善提高自己。

2. 对症下药，切忌盲目用功

时间很紧迫，需要用在点子上。简单说来，就是保持强势科目，突破弱势科目。以我为例，我的弱势是语文和数学，强势是英语和理综。

英语：我用部分早晚读时间反复朗读课文来保持语感和记忆单词。潜移默化中，英语水平不但能保持，甚至还有不小的提高。

理综：我认认真真完成老师布置的作业，并且每周做一份各省的高考题或者优秀模拟卷来保持做题的感觉。

语文：我的语文相对较弱，尤其是作文和基础知识。针对这种情况，我用大多数的早晚读时间来强记平时老师讲过的和在试卷上做到的基础知识要点，并大量练习。同时，每天睡前，我都会阅读一些优秀作文和经典文学作品，提高自己的文学素养，并且每两个星期进行一次练笔。最终，我的语文水平得到了很大提高。高考的时候，基础知识选择题只错了一道。作文也拿到了一个平均分以上的成绩。

数学：数学是我最弱的一门科目。初中时期由于我倔强的脾气，使得我和数学老师不太合得来，导致耍性子没有认真学数学，基础薄弱。到了高中，逐渐成熟的我抛掉了唯我独尊的幼稚，开始虚心努力，为圆梦清华而努力。但是，数学成了我的绊脚石。没办法，这种情况，只能靠勤能补拙、熟能生巧了。那就练习呗。除了完成老师布置的作业外，我每个星期练习三到四份高考或者模拟卷。遇到难题尽快找老师解决，及时总结方法，并且准备错题集记录练习中的点滴心得。就这样，不断的积累使得最终高考时，数学没有成为阻挡我进入清华园的不可逾越的沟壑。

3. 合理利用资源

我们身边的老师是最好的资源，不用，那是巨大的浪费。遇到任何疑惑，包括学习和生活上的，及时找到我们的老师进行沟通、交流，他们多年的经验会令我们受益匪浅！另外，身边的同学是最容易利用的资源。这个时候，请务必放下架子，抛弃狭隘的竞争观念，虚心向身边的人求教，践行"三人行，必有我师"；倾尽自己所知帮助别人，让学习的环境充满和谐！

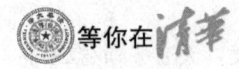

四、心态篇

作为考生，我需要信仰天道酬勤。当我们有了这样的信仰之后，任何的挫折和失败都不会打破我们平静的心态。因为我们知道，最终的结果终究是好的。当然，请大家注意，这样的心态是建立在我们足够勤奋的基础上的！切记！切记！

试想，我们在追求梦想的道路上，在"惨绝人寰"的竞争中，仍然能做到"心如止水、波澜不惊"，那我们何愁不能成功呢？

姓　　名：郭　锐

院　　系：清华大学物理系

毕业学校：乌鲁木齐市第一中学

人生格言：学习并不是人生的全部。但如果这人生的一部分——学习，也无法征服，还能做什么呢？

高考成绩：667 分 +30 分

全力实现自己的梦想

前几天听同学说起这个事儿，说是要给在读高中的学弟学妹们写点儿东西，主要是关于高考和竞赛的，挺感兴趣，就答应了。这就是为什么会出现这么一篇文章的原因。

其实说到竞赛与高考，可以说这是目前进入大学的两条路：竞赛保送、高考。

先说说我自己吧。我高一的时候决定搞竞赛，其实那时候目的很纯粹，高中课堂上那点儿东西只够塞牙缝，搞竞赛能多学点儿东西，仅此而已，并没有想过靠竞赛来获得保送名额进清华。但后来我发现周围的人都拿这个当作进名校的手段，我也就渐渐地改变了最初的想法，但我一直没有完全放弃高考这条路。可以说成也萧何、败也萧何吧，我竞赛、高考两手抓的后果就是竞赛没拿到一等奖，但清华自主招生决定给我 30 分，最后如愿上了清华。

如果你决定走竞赛这条路的话，那我祝福你，同时也佩服你的勇气与毅力。一般人是不会走这条路的。选择竞赛就意味着比别人付出更多，但只要你最终走下来了，那你的高中生活绝对与众不同。

另外，我也要向你提出忠告：除非你是天才，智商超出常人，否则千万不要舍得放弃。那些除了竞赛以外的其他事情，该放的就放下吧，集中精力搞竞赛才是正确且唯一的选择。

我对那些搞竞赛的小朋友就写这么多，你们都是同龄人中的佼佼者，一群牛人在一起奋斗是一种难得的经历，全力以赴，去实现自己的梦想吧！

下面是写给参加高考的同学的。

首先希望大家知道，现在各名校都开展了自主招生，这是目前而言在教育改革方面一项很有意义的探索，而且我认为这条路还是很有可能的。尤其要提到的一点是，这条路对那些参加竞赛但没有获得保送资格的同学而言，是一个备份。参加过竞赛的同学在这方面有很大优势，过笔试几乎就是小菜一碟。面试的时候要多补充一点儿课外知识，面试的教授不会问太多专业知识，现在一般各大学的面试都采用的是小组讨论的形式，教授在一旁观察每个人的表现，教授们比较注重学生的合作能力与辩证思考、换位思考的能力，注重考查思考问题的全面与深度。在这方面的课外知识一般要在生活中积累，教授给的讨论题目也多是世界热点问题，等等。

参加高考的小朋友们，首先希望你们摆正心态，脚踏实地，勤勤恳恳，全力以赴。

要大家摆正心态，是希望大家能够收起对高考制度的抱怨与诅咒。虽然社会上天天有人在批评高考制度的弊病，但目前这毕竟是现行的选拔人才的最公平有效的方法。在教育改革取消高考之前，这一制度还将继续存在下去，我们所能做的也就只有适应这个制度而已。

脚踏实地，就是希望大家要对自己有一个客观的评价与定位，这个是在复习开始前就要做好的，直接关系到整个复习过程的安排。一定要客观地评价自己，给自己一个明确的定位，我在班里排第几，在年级里排第几，我的高中每年能有多少人进清华、北大，有多少人进复旦、上海交大，有多少人能一本、多少人二本，等等，以此来给自己一个定位，给自己一个明确目标，制订复习计划。如果定位做得不好，就会直接导致复习计划的制订出现偏差，最终会在复习效果上显现出来并且直接反映在模考乃至高考成绩上。因此，这一点希望大家牢记，一定要找准自己的定位、明确自己的目标，而且时刻将其牢记于心。

希望大家在高考复习的阶段能严格要求自己，做一个严格按计划来办事的人。建议同学们为自己制订一个远期的计划，同时还要有一个不断更新的近期的计划。这样才能一步一个脚印、踏踏实实地走好复习的每一步，朝自己的目标迈进。同时还建议大家一定要听老师的话，服从学校的安排。我们要相信老师都是很有经验的，他们已经送走了一批又一批的高考学子，在这方面积累了足够多的经验，他们为大家制订的计划、安排的事情都是有目的的。大家一定要听从学校老师的安排。

说到复习，就不能不谈做题。这个话题是老生常谈了，但还是有必要提一下。题做得不够，是绝对不行的。我的高中数学老师在做题方面给我的训练绝对令我受益匪浅。到高考前的那几天，我已经到了做题基本是条件反射的地步了。在这里希望学弟学妹们能够完成好老师布置的作业，做好每张试卷，认真对待每道题。至于是否像某些人建议的那样，准备一个错题本，我的意见是如果你有这个习惯且保持了下来，那很好，继续下去不会有错；但若你没有这个习惯，那还是不必准备了，这种要靠积累养成的东西不是一两天就能积累下来的。其实说白了，我始终认为高考复习的过程就是一个不断做题、不断找漏洞、不断打补丁的过程，什么时候找不到漏洞了，就是准备

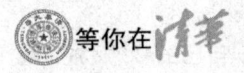

好了。

　　其实如果你做的题达到了一定的量，你会发现每一门课的考试出题都是按一定套路来的。就拿全国卷的语文来说，实际上考的是逻辑能力，不需要多么深厚的文学基础。比如，现代文阅读，它的出题顺序是由前到后的，一般不会出现第一道题要到文章结尾处找答案的情况，一定是按顺序来的。而且每道题都是能在文中找到对应之处的，答案也往往就是这些对应点。只要抓住了这一点，平时练习的时候注意寻找这些出题点，再加上一些答题的技巧，现代文阅读拿到20分还是不太难的。关键就是要在平时多练习，要练出快速找到答题点的能力，这样才能在考场上节省时间。其实话说白了，考试比的就是速度，无论什么考试的题，只要给了足够多的时间，大家都能做出来。但考试是限时的，因此只有在平时抓紧时间多做练习，才能在考场上节省时间答完题目。

　　我要说的就这么多，其实道理我想大家都懂，家长、老师也一定给大家讲过无数次了，之所以要再给大家讲一遍，就是为了强调其重要性。最后要告诉大家，家长和老师有一句话是不对的，或者说不是普遍的，那就是"你们现在累一点儿，将来进了大学就好了，进了大学你们就轻松了……"这句话是不是确的。就比如我吧，我进的是清华大学物理系，实话告诉大家，这里绝没有你想象中的那么轻松。当然还是欢迎有志于基础科学研究的学弟学妹们加入我们的行列，虽然这里的生活不轻松，但如果你热爱它，你还是能从中找到乐趣所在的。

姓　　名：符皓然
院　　系：清华大学工业工程系
毕业学校：西北工业大学附属中学
人生格言：有志者事竟成。
高考成绩：682 分

有志者事竟成

　　我的高中母校是西安市西北工业大学附属中学，现在在全国的高中里也算小有名气。我能考上清华，首先要感谢我的母校。

　　在西工大附中，"黑卷子"是人人皆知的，这是指学校老师自己选题、编题、印刷出来的纸张有点发黑的试卷。我不知道其他高中如何，在西工大附中，从高一开始，每两周，所有高考科目进行一次考试加上讲试卷的循环，俗称"大练习"。从高一开始，我们就接受着除了日常教学之外的高强度的训练，粗略一算，三年下来每科就是六七十套题，还不包括高三的额外负担。有人说，你们的学习负担太大了，但是在智商没有很大差别的情况下，比的不就是谁的努力多吗？春夏的耕耘是为了秋天的收获，今天的汗水是为了明天的微笑。几十万考生不敢说有多少人能和你竞争，但是那有限的名额只留给最努力的人。谁在高三中拼搏了、奋斗了，谁就会在高考中获得更多。世界上没有免费的午餐，这是真理。更何况如果进了清华，没有这种抗压、刻苦的能力，和全国各地的高才生一起竞争，也迟早会败下阵来。进了清华的人，从来不会说，考进来就解放了，就算他们不给你罗列各种高难度的课程，也会告诉你要保持高三的学习劲头，因为来到这里的人都是一路在拼搏的人，都是想要赢的人。我之所以感谢我的母校，正是因为她为我们创造了这样一种高压的环境，"黑卷子"都是各科老师十几年的经验和心血，你当然可以说今天我不舒服就不参加了，但那吃亏的绝对是自己。人都是有惰性的，所以我们需要压力。

很多人觉得自己只能热血澎湃一两天，过了这几天就又意志消沉了，难以持之以恒。其实这就是因为自己主观上没有一种持久的压力在心里。

我的高中有一段剧烈的波折。在高二的暑假，我的父亲患上了急性白血病，只半个月，健健康康的父亲就离开了我和母亲。那个暑假在灰色的背景中很快就闪过了。除了晚上睡前自己回想的时候，其实那时我没有流太多的眼泪，暑假过后让我感到的不是悲伤，而是挥之不去的压力。高一高二时我的成绩一般，一直在年级150名到250名之间，以我们高中的这个排名，这个成绩要上一所重点大学里的好学校也没问题。我的高一高二过得挺"自在"的，能玩就玩，学习没什么问题但也绝不下功夫，课外的竞赛课程能逃就逃。但是当我感到学习就是我所能为我的家、我自己做的唯一的事情的时候，我才觉得这样完全不够。在有了这样的压力后再回想以前，我感到难受甚至恶心。从高三开始，一些以前我会觉得不能忍受的事情开始变得理所当然，另一些不算什么的事情开始变得不能接受。我把家里的事情完全保留在我自己心里，没有告诉周围同学，因为我觉得这样对我更好。从这个时候开始，学习第一次成了我的头等大事，放松的时候也会想，我要为了一会儿更好地学习赶紧放松一下。有些人认为这样的想法可能夸张，但清华有"为祖国健康工作五十年"的口号，我还听到过"清华的研究生锻炼身体的时候都在想，我要为了在实验室里能多熬一个晚上锻炼"的话。我最近听到一句话是"年轻气盛的人会为了理想骄傲地活着，而成熟的人可以为了理想卑贱地活着"。经过努力，模拟考试我一度考到年级40多名，平均在100名左右，中间也有一次发挥不好掉到过200多名。但是在最后两次不排名的模拟考中，我的状态都特别好，我自己都很兴奋。每个人都希望别人说自己聪明，希望获得心理上的优越感，而都害怕努力了却没有好结果，还会被人嘲笑。敢于不知结果而努力不懈的人才是勇敢的人，在高三的人，应该有一种豁出去了的劲头，应该时时地感到一种不求为父母、为他人，但求为自己拼出未来的压力，促使自己做出正确的选择。

上面是我自己在主观学习动力方面的一些感触，因为我认为这方面是最关键的，所以说得比较多。接下来说一点儿我自己认为有益的学习方法。

到了高三，只要大家各科知识上没有哪一块是有问题的话，其余就是做题。题海战术没什么错，有时间就多做题，上了大学照样管用。当然采取题海战术不等于盲目地做题。生物、英语的做题量很重要，多做才能有感觉；化学、物理、数学做题的质量很重要，重在理解和思考方法；语文重在记忆和答题技巧，多跟着老师走。单就考试而言，理科综合不定项选择很重要，很能拉开分数，而且一开始大家做起来感觉吃力的题很多，这很正常，要多做几套题来适应；语文在高三阶段不要在作文上太费心思，有想法就写出亮点，没想法写得四平八稳就很好。

高三少不了模拟考试，模拟考试最怕的是考不好之后采取放任和不在乎态度，如果你考不好会很着急那就对了。其实那么多次模拟考试，很难说每次都发挥得很好。这么多的模拟考试，不仅是在知识方

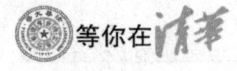

面对我们自己的检验，也是一种心理上的训练。如果你自己不把模拟考当回事，那它就什么都不是；如果你认真对待它，你就是在进行临场训练，在真正高考的时候才更容易直接钻到题里而不被心情影响。另外就陕西而言，我觉得对于高分段的同学各科分数的比例参考是语文 120 分，数学 135 分，英语 135 分，理科综合 270 分，模拟考试的时候可以以此作为自己各科的评判标准和目标，尤其是偏科的同学。

祝愿所有付出了的同学都能得到应有的回报。

姓　　名：王　娇
院　　系：清华大学经管学院
毕业学校：山东省泰安一中
人生格言：没有流过血的手指，怎能弹出世间绝唱；没有经过地狱般的磨炼，怎能练就创造天堂的力量。
高考成绩：保送

Q&A 之高中学习

转眼间，我告别高中已逾一年。一年前，我幸运地拿到了清华园的入场券，在这一年的时间里，我在这个园子中学习、成长，度过我的分分秒秒。然而间或也有那样的一瞬，想起高中的日子，想起那片梦想起航的地方。我们在往昔中穿梭，一点点采撷，积攒自己的岁月。每每回头，站在更高的地方回顾那些曾经的迷惘，总有一些守得云开见月明之感。而今，我以曾困扰自己的问题为主线，把这些感受与回忆一一记录，希望后来人在这座独木桥上能走得更顺更远。

一、不谙世事之高一

Q：我知道清华北大非一日之功，可是高一离高考还远着呢，我到底都需要准备什么？

A：Prepare yourself!

　　回想自己的高一，大略是一个不谙世事的年纪。那时的我们，上课听讲，下课疯玩，总觉得自己有用不完的时间和精力，高考离我们是那样的遥远。其实，那时的我便在考虑这个问题，那无处不在而又触摸不及的高考，到底需要我们在高一做好怎样的准备呢？

　　在某一方面，我的高一是失败的吧。每天花少之又少的时间学习，成绩总是"上蹿下跳"。而我，却一点也不介意。那时的我过着怎样惬意的生活，每天上课、嬉戏，匆匆应付完作业，开始做自己喜欢的物理题，踏着夕阳啃着糖葫芦一寸寸地踱回家，在泛黄的灯光下咬着手指看完了一部又一部的名著。现在想来，那是我最慢斯条理的日子。然而，我却认为我度过了一个非常成功的高一。确实，在很多人看来，高考，是个太过功利的词汇。然而，我却认为高考的决定性因素还是自己平时的学习积累。况且，我们真的只是为高考而学习吗？由此，高一的积累是为高考做的最好的准备。这里所说的积累，并不只是知识的积淀，更多的，是学习习惯的形成、对人生的思考和心智的培养。具体而言，我在高一着重培养自己"自我管理"的能力，包括做事的计划性和对时间的把握，在适应高中生活之余注意纠正自己的不良学习习惯，以迎接更大的挑战。同时，任何一个事情的成功，都离不开完善的计划。任何一个成功的人，都具有一颗强大而坚韧的内心。我始终认为，大学，我们应该学会为人生负责；而高中，我们需要对整个学习生涯负责。好的计划是成功的一半，有了梦想我们才会有展翅的方向。比如我现在就读的清华大学经管学院，就非常契合我当初的设定。

　　二、精彩纷呈之高二

　　Q：我们学校高二有非常多的课余活动，我既不想为高考而活，但又怕在这些活动中迷失自己，究竟应该怎样选择呢？

　　A：在保证正常学习的基础上多参加课余活动。

丰富多彩，是我自己对高二一年的总结。在这一年中，我参加了各种各样的社会工作、志愿服务、文娱活动。在这之中培养了自己的沟通能力、协调能力及各方面素质，使自己有了一个全方面的极大的提升。

然而，这一切都是在保证学业的基础上完成的。高二，我们学习的内容较之高一困难了很多，如果不能保证高二的学习质量，对高三的复习将造成很大的压力。所以，学习，当之无愧地成为高二的首要大事。这里，需要大家铭记于心，一切活动，服务于你最终的梦想。而我当时的梦想是，三年之后，考上清华经管，拥有过硬的综合素质及三年美好而有意义的回忆。我能处理好这些活动间的关系，还要多谢高一时候的积累。到了高二，我对处理事情已然建立了自己的一套方法体系，对待各科学习，也有了自己的心得体会。进入高二，我一方面在高一的基础上，继续补足我学习上的各个弱项（比如我是在高二开始认真记课堂笔记）。另一方面，我针对高二的特点，在学习上开始有所侧重。比如，我开始关注我的考试成绩，并且认真分析每次考试的不足与进步，着重训练自己的应试能力。同时，我开始针对一些需要长期积累的科目提前进行高考复习，如英语等。到了高二下学期，我不仅完成了厚厚的几本高考复习材料，并且杜绝了考试时的各种小问题，建立起了一套得心应手的考试"流程"，将每次考试"规模化生产"，每次都能取得较好的稳定的成绩。

三、厚积薄发之高三

Q：唉……高三……

A：回首高三，自己的迷茫与纠结"恰便似长江之水滔滔不绝"。犹记得那时参加一个大学学长回归母校的交流会，在 Q&A time 时却没有一人发言。当时的我很想抓住什么问题与学长交流一番，然而搜肠刮肚之后，却只有一声感叹："唉……高三……"

厚积薄发之高三，殊不知，这里厚积薄发的恰恰不是我们，而是高一、高二时攒下的诸多问题。每个人都不是尽善尽美的，在高三巨大的复习压力下，平时掩盖在成绩下的"小缺陷"，开始在各个地方喷涌而出，打得我们措手不及。

我要说，高三，心态最重要。是的，我们需要保持一颗"平常心"。通过高二的努力，我高三开始的时候成绩基本稳定，然而，却是稳定在清华的"危险地带"。当大家上了高三都开始力图稳定成绩时，我却不停地跟自己说，我一定要再提高。

但是，我并不担心。首先，我对自己过去的学习状况非常自信，我在高一、高二时已经尽力做到了我能做到的一切。现在，我需要做的只是针对高考，继续培养一些应试技巧，将我的知识储备像铁浆一样浇灌到这个模子里，最终得到完整的成品。我将学习分成了两部分。第一，我将跟随老师的复习思路，以知识为主线进行巩固复习。在这部分中，我采取题海战术，大量做题，及时总结，提高正确率。第二，我积极地跟进套题，以成套的模拟题为载体，提高自己的应试能力。在做这些题时，我更多的是注意总结更正。我认真对待每套试题，做完后，我更是认真总结，钻研怎样可以拿到那些"不应该丢失"的分数。

无论以怎样的形式备考，我始终视调整心态为首要任务。每天保持规律的作息，是非常重要的一点。不得不说的是，作息规律的改变，如熬夜、不吃饭等，都会在很大程度上加重我们的疲劳感，极易引起巨大的心理反应，对心态的调整与保持非常不利。记得那时，我将自己定位于"不追求忽然而至的喜悦与侥幸的成功，只期望一颗处变不惊的心"。即使来到清华，我也一直为这句话不懈奋斗着。

短短两千余字，匆匆将高中三年一带而过。也许只有敲击着键盘的我，才能在字里行间看到那些隐匿的幸福。最爱含苞待放，月凸将满，纷乱的大学生活也许是一生一次青春的盛放，但那暗潮涌动、蓄满力量的高中生活怎又不是一种怀念。珍惜，是对时光最好的尊重。倘若大家能抱着一颗珍重之心对待生活，对待学业，对待自我，那等待大家的，必将是一次花团锦簇中的傲然怒放！

姓　　名：王锡钺

院　　系：清华大学人文社会科学学院外语系

毕业学校：天津外国语学院附属一中

人生格言：吃得苦中苦，方为人上人！

高考成绩：624+20分

写给文科生

　　我毕业于天津外国语学校，现就读于清华大学日语专业二年级。进入清华一年半之后无限怀念我的高三。再苦再累都只向着一个不远的目标前进，或多或少的是有追求和充满干劲儿的。这其实是我想对高三的学弟学妹们说的第一句话。有向往的日子永远是最幸福的，虽然被人重复了很多遍，我还是想再加上一遍，请珍惜眼前。

　　作为文科生，到了高三一年，会明显感觉到学习已进入瓶颈期，进步速度放缓并且很难提高。这里就谈一点我的体会。我认为出现这种情况的原因在于所学知识与考试内容的不一致性。这是每一个高考生必须转变的观念。也许前两年你的成绩名列前茅，在文科方面也有深厚的知识积累，但仍有可能在高三一年因为找不到正确的备考方法而遗憾于高考。

　　高考是一项全国性的选拔类考试，它有着几十年的历史和严格的规则制度。因此这样一项考试，一定是需要我们深入研究并适应的。进入高三，首先要把自己的心态调整到如何适应高考，一切为了高考而努力上去。这里所说的一切为了高考，是需要科学的方法指导的，并不是一味地熬垮身体。对于文科生来说，如何在短时间内改善自己先前知识结构的不科学之处呢？

以语文为例。很多考生不重视作文，认为作文水平的提高速度不快，不如利用有限的时间多做一道词汇、语法、阅读理解题。我却认为，作文是最容易在短时间内适应高考模式提高成绩的，并且作文的分数，可以说在一定意义上直接决定了整张试卷的分数。那么如何提高作文分数呢？这里说的是提高分数，而不是水平，也是有技巧存在的，即按照作文的评分标准，对症下药。大家不妨想一想，作文的评判，主观因素很多，高考这一全国性的选拔考试，为了最大限度地保证公平公正，不致因个别老师的个别偏好而影响学生的高考成绩，会怎么做呢？答案就是：即便是作文，也是被严格的评分制度左右的。也许广大考生认为评分标准概念性过强，没有实际意义而忽略了它的存在，这样你就错过了提高作文分数的最好机会。比如"中心明确"这条要求，如何做才能让每一位阅卷老师都无从诟病、没法扣分呢？答案其实很简单，就是在每一段落、每一小节，反复强调中心论点句。比如，在开头结尾可以一字不差地重复这一句话，中间的分小节叙述可以稍微变换句型但不改变中心关键词。这样一来，不管是怎样的阅卷人，也知道你在着重突出中心，那么，这部分的分数自然就取得了。

也就是说，对症下药，就是老师的给分点在哪里，我们就写哪里，反复进行这样的练习，高考时就能流畅写出阅卷老师"希望看到"的答案。读到这里大家不妨拿出高考试题大纲的评分标准，与自己最近一篇高考作文比对一下。抛开筋肉只谈骨架，想必你已经发现不少问题了。简单核算一下分数比例，有没有发现作文可以提高 10 分左右呢？众所周知，在语文里，10 分相当于一个大档次，作文的成败，或多或少地已经决定了整篇试卷的分数档次，有时甚至根本不需要考虑基础知识部分。这里也有我想说的第二点，备考万万切记抓住重点。花费 10 小时只能多得 2 分，和花费 1 小时就能提高将近 10 分，这笔账，大家一定要精打细算。高三的分分秒秒，都是一场争夺战。

再比如数学。其实对于文科生来说，数学是最容易掌握方法取得高分并拉开分数档次的科目。翻开数学的考试大纲，大家会发现一块一块的知识结构，这是在告诉我们一个信息——教科书的重要性。这条普遍适用的"定理"请大家放在任意一个学科中试验一下，看看能背得出教科书大纲（或者说目录）的人和背不出的人有什么区别。从前我的同学是位数学高手，每次我问他题目，他都能背出这条定理的教科书页码。他并没有在题海遨游，但他的教科书已经旧得不能再旧，假如偷偷翻开来看，会发现大部分是自己复习时的心得，而且时时更新。还在为了最后一道大题纠结于难题的学弟学妹们，你们可以保证除了最后一题其他题完全不出错吗？是不是会有该得的分没得到的教训呢？这时候如果"不该得的分"得到了还好，如果也没有得到，整张试卷的结果是可以想见的。于是这里我就向大家推荐我同学的"教科书疗法"，翻开教科书目录和考试大纲，知识结构的重点就一目了然了。

其实细化的小经验有很多，但我总觉得这些小地方，必须由高考的各位同学去亲自体会。我们过来人可以做的，只能是一遍又一遍强调着你们也许早已不爱听的"时间""效率"等烂熟的字眼。但一年之后，最重要的，或者说到那时你们脑海里剩下的想跟下一届学弟学妹们说的，一定也只是这几句话、这几个字。

请大家相信，任何人经过努力，都可以用高三的一整年时间取得自己理想的成绩，只看你愿不愿意动脑、动手。动脑在先，就是要告诉大家，高三时做任何事前都要三思，不要吝啬思考的时间，不要以为抓紧投入茫茫题海就是最好的学习。请学弟学妹们在高三的一年，都做一个最"功利"的人，只为达到目的，只为高考。

姓　　名：吴乔韦

院　　系：清华大学工业工程

毕业学校：北大附中成都实验中学

人生格言：知识就是力量。

高考成绩：702 分

学习方法

一、复习方法

由于我不算是特别聪明的学生，在各个科目上都有自己的问题，所以我对于不同的科目采用了不同的方法进行复习。

语文：重视积累，聚沙成塔

语文是最容易被大家忽视的学科。因为"考来考去都是一百一十来分，很难退步更难进步"，所以不少同学在复习语文时都提不起劲。但事实上，想考上名校的同学们到了后期，理科和外语成绩反而很难拉开差距，反观语文，120 分与 110 分有时就会有云泥之别；成绩较差的同学在理科难以取得突破时，靠语文却能保证110 分的得分（只要稍下功夫，110 分是很容易达到的）。所以，在讨论语文的复习方法前，首先希望大家端正态度，重视语文才能学好语文。

首先，上课时一定要与老师一起感受语文的魅力。不少同学在课后都会投身理科题海，所以课堂上是为数不多的能够全身心感受语文的机会。许多基本的语文素养都是在课堂上培养出来的。语文的摘抄本也是语文学习的重要一环。平时的一些感受、偶尔读到的经典语句、寓言小故事等都可以收入其中。

文言文对部分同学是难点。我建议文言文较弱的同学多看看课文，做到字字理解。考试时的文言文大部分词语在课文里还是出现过的。文言文已经有一定基础的同学则可以在课余时间看看古典文言文名著。我自己就看过不少，以至于在考试时常出现我阅读过的篇目。

语文是一门需要热爱的学科。抱着对我们祖国文化的热爱来学习语文，相信大家也会干劲十足了。

数学：培养"数学素养"

说实话，高一高二时，我的数学很差。让我来讲数学学习方法似乎有点班门弄斧。如果想知道更好的真正能学好数学的学习方法，请大家阅读其他同学的文章……我能够与大家分享的，只有数学"速成"方法——做题。做半年数学题（这句话的意思是每天至少做一套数学卷子），我的数学成绩就从 120 分提升到了 140 分。

数学的学习是需要理解和融会贯通的，更是需要毅力和决心的。

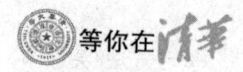

英语：这是一门语言课

英语在一定程度上算我的强项。平时我就经常听英语，看英语报，写英语小文章。因此在高三时，我在自己相对较弱的环节进行了一些强化练习，具体方法在之后的备考经验里会提到，这里就不赘述了。

我认为，英语与其他科目不同，它是真真正正能为我们所用的工具，我们不能只为了考试而学英语。在平时学习时，口语的练习也是必不可少的。另外，大家在学英语时，最好不要不停地查电子词典，这样会影响大家的猜词能力和阅读速度；不要过于依赖单词表或电子词典，英汉双解字典（如牛津）其实对学英语有意想不到的作用。

物理：逐层深入，融会贯通

物理教材条理清晰，学习时要重点理解每个公式的意思以及各个公式之间的关系。在物理的学习过程中，很有可能会出现"弄不懂"的情况。希望大家对每一个问题都重视起来，因为一点不清楚很有可能造成之后的都不清楚。

部分同学可能会很厌烦物理。我认为，越是觉得"烦"，越证明大家在这一点上有较大的提升空间。顺便告诉大家一个小秘密，高三时的成绩飞跃一般最先体现在物理上哦。

化学：将每一个物质间的关系印入自己的脑海中

我认为化学需要弄清楚各个元素、物质之间的关系。举个例子，以氢为原点，向外发散，将一个个元素与其化合物联系起来，形成一张网络。每学一点新知识，即是对这张网络的补充。每当遇到一种物质时，便想想这张网络，就能学得更深入扎实。

另外，在高一高二时期，化学学习遇到极大困难的同学不用着急，在高三时试着"织"出这张网络，在融会贯通后，你会有豁然开朗的感觉，之前困扰着自己的问题也能够得到解决。以我为例子，我在高二时，有机化学学得不大好，但到高三时，我画了一张各个有机物之间关系的图。不知不觉间，我的有机化学题已经很少出错了。所以，同学们要对自己有信心！

生物：重视教材与基础

生物是一门重视教材基础的学科。它的知识点很多很杂，有时会让人摸不着头脑。在我看来，生物教材的重要性比之前几科更甚。在学习过程中，我们千万不能扔开课本，这样学习效果不好，就像空中楼阁，经不起考试的考验，填写的答案会似是而非。要知道，生物的填空题，关键词不能填错一个字。所以，也许非常枯燥，但生物就是一门需要"死记硬背"的学科。当然，这种"背"是建立在理解的基础之上的。

二、备考经验

由于我各科的学习方法不同，各科的备考方法也不同。

语文：熟记模式，事半功倍

复习语文也是需要做题的。语文基础题（如拼音、错别字、病句等）的提高需要大家平时多练习，每一类题都有一些常考的类型。做一做各省市的高考题以及模拟题的基础选择会有较大帮助。但在做题后，一定要将自己没有把握或是做错了的部分记录下来，考前浏览几遍，会有不错的效果。至于默写题属于死记硬背，只要功夫深，铁杵

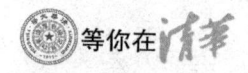

磨成针。阅读与语言应用十分讲究考试方法。说明文和现代文的阅读要养成看题读文的习惯，并用笔勾画关键语句，做到细心谨慎，反复推敲。老师应该会教给大家一些回答问题的固定套路和模式，希望大家能将这些技巧记在心间。语言应用题在一定程度上还是要看临场发挥，平时最好多看看高考曾经出现过的题目，并留心社会热点。至于作文，前面提到的摘抄本在此时就能派上用场啦。高考前，仔细将摘抄本过滤一下，提取其中能够用在作文里的材料。作文的出彩点往往就在这些材料之中。另外，很多同学在写作文时容易偏题、跑题。我建议此类同学可以写写提纲。虽然耽误了时间，但是最后不容易写偏。平时由于时间有限，大家可能没有时间练习作文，因此练习写提纲也是一个不错的选择。

数学：让数学题来得更猛烈一些吧！

数学复习对我来说就是一部可歌可泣的题海奋斗史。具体一点，就是每天固定花 2~3 个小时在数学上，步骤如下：完成当天课堂上布置的复习任务→另外做一套高考题或模拟题（定时）→改错→总结在改错本上。这样的事我整整干了 8 个月……希望大家不要畏惧困难，面带笑容地迎接每一套数学题。

英语：各个击破

英语的复习主要以语法的查漏补缺为主，背单词等功课最好能在复习开始前就完成。

英语考试的难点主要是完形填空与阅读理解。曾经有一位学长创造了每天 10 篇完形 + 阅读的壮举，取得了英语次次 140 分的辉煌。可由于用了太多时间在数学等理科上，我只能保证 5 篇左右的量。各位同学最好量力而行，完形填空较差，就可以采用完形填空 2 + 单选 10 + 改错 1 的练习方法；阅读较差，可以采用阅读 3 + 完形填空 1 的练习方法。

理综：练习虽重要，看书不可少

之前曾提过，复习可以使物理与化学成绩产生质的飞跃。那是因为之前分章节的学习很难让大家对整个知识框架与重点难点产生感性认识，而在复习时，在很短的时间内就会讲完之前两年的内容，我们构建知识网络也会变得相对容易；与此同时，大量的习题也会让我们渐渐摸索出一套规律，对于做化学推断题与物理大题很有帮助。所以，基础较好的同学，对于物理与化学两科，"跟着老师走"就能取得不小的进步；基础较薄弱的同学多阅读教材也能有所提高。但生物的提高相对而言要难一些。其知识点的分散注定了我们要花更多的时间去把握。我采用的方法是自己一边阅读教材，一边在笔记本上整理出知识点与框架，以此为基础进行复习。

另外很多同学刚开始做理综时会不适应，无法完成所有题目。在此，我建议大家每周至少定时练习一套理综题。坚持下来，自己就会渐渐总结出适合自己的做题节奏。

三、心态调整

备考期间，调整心态很重要，这是高效复习的前提，也是考出水平的先决条件。

不大好的心态有两种：没有压力以及压力过大。对于没有压力的同学，也许只能请求老师或家长的帮助；但对于压力过大的同学，有不少可以减压的方法。

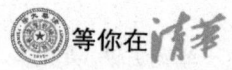等你在清华

放松的方法有很多，我不建议大家采取打游戏之类的方法。因为这对大脑和眼睛的放松没有太大帮助。我建议大家可以三三两两一起参加体育运动（当然不宜过于激烈），我选择的是羽毛球与排球。其他的一些方法如听音乐、泡脚等也有一定效果，大家可以尝试。保持身体健康也是备考的重要一环，大家可以与家长齐心协力，以保证自己的健康。

另外，朋友也是保持良好心态的助力。在高三时如果能有朋友在身边一起备考，互相鼓励，这会给我们的高三生活增添色彩。

姓　　名： 闫凯民
院　　系： 清华大学机械系
毕业学校： 呼和浩特市第二中学
人生格言： 踏实成大器！
高考成绩： 664 分

清华大学，我来了！

我从小就有一个梦想：进入清华大学。随着年级的一升再升，我越来越感到实现梦想的难度，觉得几乎不可做到。但是，高中是我思想的转折点，我找到了属于自己的一套独特的学习方法，使我有能力也有信心冲击这座高峰，于是，我做到了。来清华读书，是所有学子共同的梦想，我现在要做的，就是为你们通往清华殿堂的大道做一些铺垫。

这是来自一个普通学生对于学习方法的一些心得。我的学习方法不是最好的，但实践证明我的方法对我来说是有效的，因而它也可能对每个学生产生作用。不要忽略这里面的每一个字，也许它将带给你学习的灵感。

似乎人们都是这样，"不识庐山真面目，只缘身在此山中"。在高考成功后我突然发现以前为高考而奋战的自己有时是那么幼稚，但当时的我无论如何也不会这样想。相信你们大家也深有同感。我以下想说的，都是为了让大家少走一些弯路，轻松获得高考成功。

我比较擅长物理，高中竞赛拿了二等奖，就先谈谈物理方面的问题。物理的学习主要是总结—联想—记忆的过程。总结的是各种物理模型怎么考查出题，要从一个模型联想到另一个模型——因为物理学科内有很多东西是互相联系的，还有就是要记住一些特殊情况下的数值。下面用具体例子来说明。

如考查向心加速度和机械能守恒定律的圆环轨道模型，这是一个极常见的题型，而且它有很多变形题。首先大家必须牢记的是小球经过底端时所受的支持力，它等于 $3mg$。由此可以延伸出很多想法，当系统处在加速度为 a 时的系统时上述支持力将改变，变为 $3m(a+g)$；如果小球带电，且存在垂直于纸面的磁场，或方向不定的电场，这个力又将改变，等等。如此，大家可以提出一系列这样的问题，而且这些内容也属于能力考查范围。

这中间有几点是很关键的：首先大家要善于发现问题，在你做练习的过程中，你要有意识地注意哪些点是题目中常出现的，而这些无疑就是重点。还要总结这些点一般是通过什么样的模型来考查的，把这些模型练得滚瓜烂熟，然后将你计算出的有共性的结果记住，这样，当你做选择题时可大大提高速度。之后就是延伸的一步，你尽量根据现有模型联想到其他更复杂的模型，注意，一旦你想到了，你必须把它写出来，然后进行计算，过程中遇到的困难一定要通过查书或问老师将它解决，否则之前的工作就等于白做。当你懒得往下进行的时候，你要想想，当你真正在考试中遇到这样的问题你怎么办，你也要将它轻易放过吗？当你真正地做了以后，必将有意外收获，更重要的是，你会获得一种难得的成就感，它会推动你进行更多的研究。根据我的经验来看，这样的方法往往能让你押中考试中的某些题。对于物理，我不建议做太多的题，会了一种模型后，这类题也就基本会了，多做题就是浪费时间。

下面是一门我比较有心得的科目——英语。我在高一时的英语成绩是在班里倒数的，但是从高二开始，我的英语一直稳居在前几名，要知道，这可不是一件简单的事情。下面我谈一下我学英语的过程。

高一考英语，倒数第二。没有这次倒数经历，或许也不会有以后学英语的动力。我开始拼命背单词，课间10分钟在背，做课间操的等待时间在背，回家吃饭时还在背；拼命做课外题，我买了至少三套英语练习题，高二上学期每天一套（每套题包括20道选择题，1篇完形填空和2篇阅读）。这样一个学期过后，我的英语从110分提到了130分。不过后来我觉得自己还是浪费了不少时间，其实大可不必每天做一套题，做得多了，留给解决错误的时间就少了，而解决错误是极其重要的环节。做题就是给自己找漏洞的过程，你要是对错误的地方懒得管，反而为做对了一次完形填空而沾沾自喜，就大错特错了。这句话不光是针对英语说的，所有科目都是这样，平常练习中的错题是非常宝贵的，它是你做题得到的成果，揭示了你的知识缺陷，要引起足够的重视；而做对的题要保证下次遇到时绝对不会做错，这是不变的目标。在背单词方面给大家友情提醒一下，不要背专业的四级词汇之类，那些跟高考离得有些远，只要把高中所有课本上的单词提前都背熟，然后在做的完形填空和阅读练习题中找出那些不认识的词，查字典后将其记住就可以了。这些词一般是阅读中常见的。我就是这样来背的，然后去做阅读，发现基本没有不认识的词了。这种感觉是很不错的。做英语阅读时一定要仔细看好题干和选项，我高一的时候就是不认真，因为看错题而失分的情况很多。大家不要看这句话有些俗套，但真的是个很关键的问题，我的英语成绩骤然提高不少的原因之一就是读题认真了许多。挑选练习时也要注意，最好选以往的高考题，别的练习题很容易偏。我有一本这样的练习册，每回都要做错一半的题，致使自信心大减，后来发现跟高考试题内容有很大出

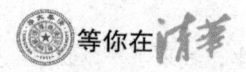

入，才知受害。

对于数学，我个人数学思维不是很强，对于稍难一些的题也不能很快想出办法，但我在高考中获得了高分，靠的就是对习题的总结和记忆。

我认为，题海战术是学数学的较好的方法，尤其是多做一些选择填空题。虽然不利于记住每个题，但它培养出了你的思维方式，这对解数学题是非常有用的。大题方面，数列和圆锥曲线的难题应该多做，因为它们的难题一般都有共性，用的是同一套解题思路。特别是数列，要熟练掌握每种缩放方法，来证明不等式，这些缩放方法会在你做的题中陆续出现，而且高考最后一道大题很可能是数列不等式的证明，因为它的综合性最强，所以掌握缩放方法很有必要。而有关函数的大题往往是比较活的，难以捉摸，所以这方面的难题不必做太多，多了反而浪费时间。不过要把函数的基础知识掌握好，导数是重点，抽象函数和复合函数都应熟练运用。因而一般的题是要多做的。考点和重点是一定要清楚的，有时看到一道大题没有思路，你可以想想它要考你什么，再结合课本上的内容将这个考点的有关内容回想一下，常常可以帮你找到解题入口。

对于语文、化学和生物，我一直学得不是特别好，也许大家的方法会比我好，此处不再赘述。但是，各科学习是互通的，一些好的学习方法是可以运用到每一科的。如阶段性的总结是每科必须都做的，总结错题、题型、做每一类题的方法等，不要一味地做题，总结做好了，胜过你做一本练习册，这绝不是假话。题做得再多，也只不过就在那几类题中转来转去，你所做的就是将那个题计算出答案罢了，本质上不会给你的能力带来提高，考试也不会考同样的题的，所以几乎就是白做；而做好总结并勤奋思考，你就会掌握这些题型，做题速度会相当快，这才是最有效的学习方法。

有了正确的学习方法，要学好其实是一件简单的事情，这方法主要是自己悟出来的，而且也不需要整得太花哨，所以以上我说的都是一些很容易理解和做到的，我说这些也不过是抛砖引玉，自己的学习还是得自己来料理。希望大家在受到我的小小启发后都能找到适合自己的学习方法。祝大家成功，清华大学等待着你们的到来！

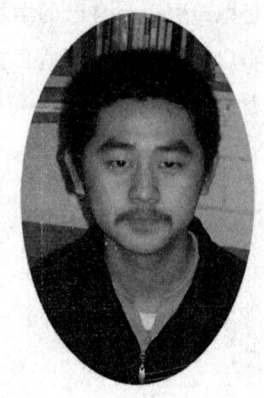

姓　　名：韩金鹏
院　　系：清华大学机械工程系
毕业学校：河南省实验中学
人生格言：相信自己。
高考成绩：670 分

逐梦清华

大家好，我叫韩金鹏，毕业于河南省实验中学，在 2009 年高考中以 670 分的成绩进入清华大学机械工程系。当清华梦实现的那一刻，我无比激动。相信有很多学弟学妹也拥有同样的清华梦。这里我愿与大家分享一下我在高中时候的一些学习方法。

一、关于语文

语文是一门十分讲究基础的学科，基础的差异往往在成绩上暴露得一览无余。因此学习语文一定要在平时下足功夫。但是作为理科生，平时可能会将大量的时间花在数学、物理等科目上，学习语文的时间为数不多，因此抓住语文课堂很关键。在课堂上要紧紧跟随老师的思路，留心老师分析课文的角度和方法，这有助于自己做文章阅读题目。在字词积累方面，可以自己做一个积累册子，里边记录上自己碰到的不熟悉的字音、字形、成语等。每次考试之前翻出来看看，这样既作为考试准备，又通过一次次的温习而使自己对这些东西印象加深，以至于到后来想忘也忘不掉，这对于高考复习是十分有帮助的。关于文言文的学习，我觉得可以多做一些题目，积累重点字词的用法，还要注意一些常见名词的意思，如一些官职、称呼、风俗、食物、地理名词等，这些词语在文言文中出现的频率很高，如果不懂，每次读文章都会觉得不顺，所以要弄懂这些词语。关于作文，我想要多练，多请教老师以弥补自己的不足，精益求精。

二、关于数学

数学往往是把同学间的成绩拉开差距的主力学科。学数学关键是要开窍。开窍与没开窍，往往是几十分的差距。也就是说方法极为关键。我有一个从初一用到高三的方法，是建立题集。这个题集不是说做错的题目都收录，而是收录我自己觉得有价值的题，往往是解题方法巧妙、思路新颖以及题型典型的题目。我一边学习一边收集题目，平时可以翻翻看看，加强印象，这样可以尽可能多地掌握题型以及解题技巧，感觉给自己带来了很大的进步。学数学还有一点是要勤于思考，面对一道难题时，要尽量去弄懂条件之间的关系以及条件与结论的关系，考虑最可能的解题方向。如果经过充分思考后还是做不出来，可以参考答案，但是要把答案中的方法吃透，分析其思路，并尝试不看答案自己独立做一遍，我觉得这样做题是高效的。另外，学数学还要在平时写作业和各种测验中注意提高自己的运算能力，这样可以在考场上节省时间。

三、关于英语

初中我是在一个县级的中学上的，高中到了省级重点中学，明显感觉自己英语水平与别人有一些差距。但是从高一下学期开始，英语成了我的优势学科，这说明我学习英语的方法还是值得向大家介绍的。第一，我必须强调浓厚的兴趣的重要性。我对英语十分喜欢，因而在课堂上全神贯注，学的时候也不觉乏味。这是很重要的基础。第

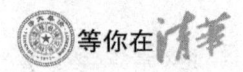

二，在单词方面，我自己有一个巴掌大的便签本，把自己平时遇到的生词抄在上面，每天早上看一页，第二天早上先复习昨天看的那一页，再看新的一页。对于这些词，我并不要求自己会拼写，只是"混个脸熟"，这样既不花费很大的精力，又可以迅速提高自己的阅读能力。第三，在阅读方面，我从高二开始坚持每天做完形填空和阅读理解题，每天做一点点，时间长了就会有很大的收获。这时最需要的是恒心。第四，我常利用假期时间学习英语。当然，在假期里学英语的方式更加多样，如看英文电影，读英文书籍。我不参加补习班，我觉得只要有兴趣，就能学好。例如，高二暑假《哈利波特》第七部的英文版出版，我便每天看三章，用十几天时间看完了，觉得收获很大，要比参加补习班强。

四、关于理科综合

1. 物理

我们高三班主任说："无论理综整体难易如何，物理都是其中最难的。"可见物理学习的重要性。对于物理，我觉得理解原理是重中之重。平时遇到的题目要进行深入的思考，弄清整个物理过程。刚开始可能觉得这样会花费不少时间，但经过一定时间的锻炼之后，会大大提高思维能力，也能加深对课本知识的理解，更可以提高做题速度。准备一个题集也必不可少。

2. 化学

化学的难度整体不大，只要入门，就会有很大的进步。我觉得一个是抓住课堂，老师讲的知识要尽量弄懂，还要把笔记给记好。我觉得化学笔记非常重要，里边包含大量的知识点。另一个是记忆。化学中的知识点比较杂，需要牢牢记住，这对于解题帮助很大。因此，我建议可以根据自身情况来采用一个方法记忆这些知识点。真正记清楚了知识点又加以一定量习题训练的同学是一定可以取得高分的。

3. 生物

对于生物我想说有一个好方法：通读课本。不要觉得无趣，要一遍又一遍地读下去，我觉得每读一遍都会加强你对知识点的理解和记忆，而考试题目是不会偏离课本的，所以只要抓住课本，就基本上没有问题。

五、关于其他

这里我说三件事情：心态、答疑、考场策略。

我的人生信条是：相信自己。我学习的时候一直很自信。平时考得好的时候我会更自信，考得不好的时候，我会用这句话做心理暗示，这样就不会灰心了。现在想想，这句话帮我度过了很多艰难的日子。除了自信，还有一点很重要，就是兴趣。我从小就有着很强的求知欲和好奇心，想要了解这个神秘的世界，因而我对学习充满了兴趣，动力十足。我想自信和兴趣保证了我有一个平和的心态来面对学习吧。

我经常问老师问题，只要哪里不懂就去问。我不觉得不好意思，老师也总会耐心给我解答，帮我更好地理解知识点。我觉得这是个很好的方法。

我还有几个考场策略来和大家分享。第一，先易后难。很多时候因为紧张等原因，我们的思路会一时堵塞，这时我的建议是根据自己的情况给自己一个时间，在这段时间内没有明确的思路就先做后边的题目。有好多次，当我回头看这些题目的时候，一下子就来了思路。第二，学会放弃。比如说数学最后一题，往往难度非常大，我觉得可以对它进行一个判断，觉得在自己能力之外就果断放弃，去检查别的题目，也许对成绩更有用。第三，有时间检查时一定要去检查。我听说过"检查时一改就改错"的说法，但我自己的经验是检查十分必要，我高考语文检查时改动了四个选择题，全部改对了。

最后，祝学弟学妹们天天快乐，学习进步，实现自己的清华梦！

姓　　名：李成林
院　　系：清华大学机械工程系
毕业学校：广东省韶关市第一中学
人生格言：超越!
高考成绩：668 分

等你在清华

"在清华等你"，这句话让我忆起了高三时我向学弟学妹们传授学习经验，老师在一旁说："学长在清华等着你们呀。"那时我还没有进清华，于是这句话便成了诺言。如今我已遵守诺言，身处清华，也应负起责任，让你也走进清华。

现在我能为你们做的，便是谈谈我的学习经验，以供参考，希望能给你们一些帮助，一点启发，一丝感悟。

一、我对学习的个人见解

我曾问过我的学弟学妹们："学习，快乐吗?"是啊，学习的乐趣无处不在，无时不在，只要你愿意去寻找：当你用一种优美的技巧去解出一道数学题时，你会觉得欣喜；当你帮助你的同学解答疑惑，他恍然大悟时，你们俩都会觉得开心；当你与你的对手你追我赶，若你赢了，你会为自己变强了而高兴，即便你输了，你也会为自己拥有那么强的对手而感到兴奋，期待着下一次的战斗，期待着一个全新的、更强的你……

二、不同的人有不同的学习方法——去寻觅适合自己的学习方法

有人喜欢挑灯夜读，但你不必忍受着瞌睡的痛苦去学他，不同的人生物钟不同，也许深夜正是他学习的最好时光，而你维持正常的作息时间也许能收到事半功倍的效果；有人喜欢做大量的题，但你不必买一大摞参考书去学他，不同的人接受新事物的方式不同，也许他喜欢在做题时找感觉，而你通过做典型的例题做好归纳总结也许就能很好地掌握……总之，适合自己的学习方法才是最好的学习方法，不必在意别人是如何学习的，也不必去比谁更加努力，做好自己才是最好的。但是如何才能寻觅到适合自己的学习方法呢？这也许需要很长的时间，也许比所学内容来得更难。我认为，小学 6 年，初中 3 年，高中 3 年，总共 12 年（当然，有些天才将这 12 年缩成四五年或更加短），在校除了学习必需的基础知识（也就是常识）外，更重要的一点就是学习如何去学习，学习自主学习。找到适合自己的学习方法，并在学习中逐步调整，变得更加适应。学习是终生的，我们都有漫长的时间去寻觅。每个人的习惯、性格、喜好都不尽相同，因此适合不同的人的学习方法也不可能相同。寻觅适合自己的学习方法如同解题，别人提供的仅仅是参考答案。我们可以借鉴他人的学习方法，试着应用来验证它是否适合自己。但是倘若你生搬硬套，知其然而不知其所以然，又怎么能真真正正地知道如何解出此题呢？因此必须要通过自己的思考，借鉴别人的学习方法也要让它与自身融合，吸收适合自身的，排除不适合的，否则将百害而无一利。

三、不同阶段有不同的学习方法——去不断改善自己的学习方法

随着学习能力的提高，学习阶段的改变，学习方法也要随之而改变，不可一成不变。如果你问，我在高一、高二是如何学习的，我会回答：紧跟老师的脚步。的确，那时我除了按时完成作业，复习、总结、归纳、巩固之外，也没怎么做课外习题。如果你问我，在高三是如何学习的，我会回答：在复习好的基础下，广泛地参考其他学习资料来增强自己的实力。因为这时候学习阶段改变了，变成了一味地复习旧的知识，而我却渴望不断汲取新知识，因此选择了这种学习方法。如果你问我，现在是如何学习的，我会回答：我也在探寻中。因为这时候要提高学习效率，以往的学习效率是远远不够的，所以学习方法也要不断改善。其实你的学习方法也在不知不觉中转变，比如，你刚上高中可能感觉有些吃力，但若是让你回到小学的学习生活中，你会觉得十分轻松，而以前读小学时却不那么认为。除了学习的知识增长了之外，我认为更重要的是环境迫使了你提高你的学习方法去适应。这种改善是被动的，是不自主的。但是并非需要环境作用才能改善，并非上了大学才能学会自主学习。当你小学顺利毕业了，不仅代表你掌握了小学的知识，而且代表你适应了小学阶段的学习。但是有不少名人连小学也没毕业，也许他们对小学的基础知识一窍不通，但是可以肯定他们的学习能力、学习方法已经早早超越小学，甚至大学阶段的了。那怎么知道自己已经完全适应某阶段的学习需要去改善了呢？当你觉得自己学习挺轻松，不是很用功就能应付时，也许就可以去提升你的学习方法了。转变的过程会有点艰难，就像是长跑，提升一个级别要跨过一道坎，跨过了将是顺境，如此形成螺旋式的上升。当然，如果你认为原来的学习方法足以应付高考，不改变也没问题。但是学习远远不是为了高考，学习是无止境的，改善学习方法也应是无止境的。

四、我对考试的个人看法

除了平时训练各种类型的题型，我建议还要训练各种类型的试卷。以数学卷为例：有整体比较简单的，这种显然是拿来练习规范解答的；有最后一题特难的；有中间突然有一道题卡住的；还有最后三题难度差不多，但都需要花较长时间去解决的……分别从微观的题型和宏观的试卷去把握，做足准备，再遇到类似的状况时就不会因紧张而头脑一片空白，这样就能在大考中发挥正常，甚至超常。

我认为考试是可以做到完美的，至少是近似完美：老师经常叫我们啃标准答案并注意解答过程中特殊的地方，就是让我们练习答题的规范性。因为我们的作答要让评卷老师来批改，因此求解就不仅仅是求出最终答案那么简单，还要将求解的过程做得有理有据有序，要让评卷老师看得明白。对于不会做的题目，也要啃得分点，即使没有将题目完全解出来也能得高分。如何将答案做得标准，甚至比标准答案还要完美，这需要你自己去积累，去总结。

自信心可以用来对付紧张情绪。一旦发生突发状况，有些同学就也会认为自己这次肯定考砸了，因为有这种想法而无法安定下来去考试。这种紧张似乎是自己强加给自己的，若有自信心的话，就不太理会。如何训练自信心？可以多经历一些类似的状况，或在平时提高自己的实力，相信自己的实力，因为重要的是你的实力，只要你不是头脑中一片空白，只要你的思路依然清晰，就不要自己让自己紧张。

对于一场考试，你面对着至少是三个对手。第一个对手是跟你一起考试的同学。在高考，千军万马过独木桥；在平时，也是你追我赶。第二个对手是评卷老师。他要在你的试卷里找茬，而你却要近乎完美地去答题，让他找不到一丁点儿错误。第三个对手隐藏在试卷中，他便是出题者，所以老师经常教导我们要揣测出题者的意图。一份好的答卷，就像是他精心布的局，答卷的过程就仿佛是在跟他们对弈。提出这三个对手并不是让你对考试产生恐惧，恰恰相反，而是让你对考试产生兴趣，把它当作一场游戏、一场战斗，从而喜爱

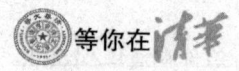

上它。

五、学习与考试之外的

劳逸结合，适当的休闲也算是一种修炼。在休闲时间，我会参加体育运动，运动可以舒缓紧张的高三气氛，不是过于激烈的运动还能增强我们的体质，以便我们更好地熬过高三。在我看来，运动和学习都充满着乐趣，即使运动会累会痛，就像学习中不可避免的考试和挫折一样，并不妨碍我们从中获得无限的乐趣。除了运动，我还喜欢看漫画。我从漫画中悟出了许多积极向上的思想，有些也许并不是漫画的作者本身想表达的，但这没关系。这些思想作为我的奋斗源泉，作为我的精神支柱，对我的学习起到一定的促进作用。你们也可以试一试，但不一定是漫画，你们有更广泛的选择。

如果你是一名高三学生，那么你肩上的责任将非常重大。我不谈你要按时到校，认真学习，给低年级的同学做个好榜样——这应该是你们老师对你们说的；我也不谈你要努力地为班级、为校甚至为市争荣誉——这应该是你们自己要求自己做到的；但作为你的学长，我要跟你说的是，你作为你的学弟学妹们的学长，应该要让他们不能轻易地就超越你。我的前辈有一句话："我们在此建了一个朝代，任何不能超越我们的人都要仰望我们。"希望这句话同样能适合你们。

加油吧！在清华等你！

姓　　名：李　托
院　　系：清华大学电子工程系
毕业学校：辽宁省阜新市实验中学
人生格言：永远不向命运屈服！
高考成绩：668分

考前的自我调整

毫无疑问，高考是人生中的一件大事。这可以说是人生的十字路口，决定的不仅仅是我们今后要上哪所大学，同时也决定着我们今后人生之路的方向。相信每个高中学生，尤其是面临着高考压力的学生，对于高考这一件神圣庄严的事都是十分重视的。

在考前，几乎每个学生都会出现一定的心理波动，感到无所适从，想要得到更好的成绩，却不知从何处入手。其实这时只需要适当地自我调整，就可以度过这一段艰难的时期。下面我就从几个方面，结合我个人和其他人的经验来谈一谈关于自我调整的话题。

一、关于复习

如果你处在一个正常的生活轨道中，那么你会用整个的高三时间来复习高中所学的知识。对于每个准备高考的学生来说，复习是主

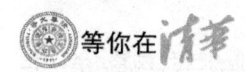

调，所以说，把握复习的节奏很重要。

一般来讲，高中的老师都是非常负责任的。他们会孜孜不倦地领着我们复习，从头到尾，一个不漏，地毯式地复习。当然了，如果你能与老师的进度完全同步，并且把老师提出来的所有东西都能消化吸收，那么恭喜你，你可以迈入优秀学生的行列了。如果你有一定（不需要很多）的触类旁通的能力，你可以毫不费力地考入清华。当然这是非常不容易的。事实上很少有人能将老师所讲的东西全部一点儿不漏地掌握住，所以没有太多的人可以达到梦想的高度。对大多数人来说，复习还是要讲究一点儿技巧的。

首先，我要说，老师所讲的东西很重要。我们大多数人必然对某些部分比较熟练，而对某些部分有些生疏。这是非常正常的。也许你会想，这样的话，我只需要在我不太熟练的地方好好听老师讲，而对我已经掌握的知识，我就可以不管老师讲什么，只需要做一点儿题或者不用做什么练习也行。这样是万万不可取的。你只是主观地认为自己已经掌握了所有的知识，而实际上一般都会存在或多或少的漏洞。我们知道，如果你想在长草地里找到一个网球，那么最好的寻找方法是从一端依次到另一端仔细搜寻。对待漏洞也是同样的方法。如果你想达到你理想的高度，那么知识漏洞是一定会妨碍你达到你的目标的。要想填补这许多漏洞，跟着老师从头到尾把知识检索一遍是最省力、最高效的办法。虽然老师的个性千差万别，讲课方式也千差万别，但是知识是一致的、确定的。听老师讲课是一个被嚼烂了的老论调，我却仍然在这里拿出来说，是因为根据我的经验，在高三，由于大多数人压力较大，时间安排比较不合理，所以听课效率极低甚至不听，这样的危害自然是不言而喻的。关于如何缓解压力的问题，我还会在后面提到。

其次，是必要的练习。高中的学生们总是与卷子和练习册为伍，对这一类东西可以说是烦不胜烦。但到了高三这个特殊时期，这些卷子和练习册虽然长得古板无趣，可这些就是你实现梦想的阶梯。我们首先确定了一点，我们的目标是在高考的考场上得到尽可能高的分数。为了达到目的，练习是必不可少的。在确定了练习的重要性之后，这里面有几个要点需要注意：

1. 有针对性地练习

每个人都有擅长的科目、不擅长的科目，学得好的部分、学得糟糕的部分，对于学得不太好的地方，就要有意识地做一些突破性的练习。也许老师对某一章的内容只讲了一节课，但是你掌握得并不好，你就不能只花一个小时的时间来做这章看起来并不太多的习题。对于已经掌握得不错的部分，可以适当减少练习的量，把挤出来的时间放到更有意义的地方。

2. 有效率地练习

效率是一个永恒的主题。我在这里提出一个公式：学习成果＝学习时间×效率。这并不难理解。每天都坐在教室里学习的大家学习时间不会相差太多，效率就成为决定学习好坏的关键。其实想提高效率并不是很困难，一句话来概括，就是精神的集中力。也就是说，你的精神越集中，你的效率就会越高。我们在考试的时候很容易达到高度的精神集中状态，外界的任何打扰都不会影响我们。而在平时，虽然，我们很难达到精神如此高度集中，不过只要有一定程度的集中，就足够让我们的学习效率达到比较高的状态。要想达到精神的集中，就一定要让自己的内心澄净空灵。我这么说不是为了追求达到禅宗的境界，只不过是要让我们摒弃杂念。我们平时总是考虑得太多：自己的分数，自己的名字，已经做完的事，做好的事，没做好的事，将要做的事，做不来的事等，烦恼无处不在。这些都会让我们心灵繁乱，无法凝神安志。所以，在做题的时候，做哪道题，要眼里

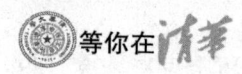

和心中只有这一道题，全身心地投入，不去想其他的事情。在这种情况下，思路会打开，记忆会加深，效率提高的同时学习效果自然会变好。

3. 要找到适合自己的复习节奏

每个人都有着截然不同的情况，我们需要针对我们自身的情况，制订适当的复习计划，确定一些短期内的目标，这样可以克服我们自身的惰性，勉励自己前进。在这一个环节上，注意不要被别人干扰。不要看别人买什么练习册，你就去买什么练习册；别人做了多少题，你就要做得比他还多。这样是不可取的。因为只有适合自己的才是最好的，才能带来最好的效果。在对自己有充分自信的前提下，做出复习计划并且实行，想达到目标，并不那么困难。

二、关于生活

正常来讲，考前保持之前自己规律性的生活节奏即可，不必为了适应高考的时间而调整时间表，否则会凭空地造成一些紧张情绪，不利于考前心态调整。在生活上，一切事情都应该确定并形成规律。比如，吃饭的时间、睡觉的时间、上学放学的时间、在学校的学习节奏，等等。

在考前频繁熬夜或者不按正常时间吃饭对身体和学习效果都非常有害。养成规律生活的习惯，并且使自己适应现有的生活，对于有效地学习是非常必要的。

我认为熬夜并不是一个十分好的选择。首先，熬夜的效率较低，没有办法做到精力高度集中，记忆和反应在困倦的时候都会迟钝，学习的效果并不好。其次，熬夜会带来连锁反应，由于前一天休息得不好，第二天上课时也没有办法精力集中，长此以往，往往不如正常节奏生活下的学习效果。

当然每一个人的状况不同。如果有些人十分善于熬夜，熬夜的时候也能保持比较高的效率，那么他在考前继续熬夜也无可厚非。只不过在适当的时候需要调整回正常的作息，因为高考是在白天进行的。

三、关于娱乐和锻炼

适当的娱乐和锻炼对于在考前保持一个良好的精神状态是非常必要的。我们可以想象，如果你连续在练习册面前度过了 10 个小时，你不是已经昏昏欲睡，就是心乱如麻。长期的连续学习必然会导致效率的降低。从另一个方面看，保持合理的娱乐和锻炼，可以将自己的身心维持在一个平衡和健康的状态，从而达到更好的学习效果。

并不是每一个人都有相同的娱乐方式，也并不是每个人都喜欢锻炼，所以在这方面，还是根据自己的兴趣优先选择一些放松的方式。而最关键的是放松的尺度，只需要消除疲劳、缓解烦躁的情绪，让自己重新精神饱满即可。如果在娱乐或锻炼上投入太多的精力，不但不会让自己放松，反而会变得更加疲劳，收到相反的效果。个人感觉，适当的跑步、进行一些强度不太大的球类运动、听听音乐、看看杂志等都是比较好的放松方式，关键是不要让自己产生疲劳感。当然如果有喜欢运动的男生，可以在没有课的一个下午痛痛快快地打一场球，虽然当时很累，可是睡过一觉之后往往能获得更高的效率。所以说，调整的方法因人而异，尺度需要自己把握，仍然是那句话：适合自己的才是最好的。

四、关于心态调整

我最后再来说说关于心态方面的问题，这往往也是高考前暴露问题最多的一个方面。心态上可能出现的问题花样百出，而就是这些问题造成了心理上各种各样的压力。而且这是内心的问题，不能用一些硬性的措施直接进行调整。对于这方面我们也只好仁者见仁、智者见智。不过，据我的经验，问题大致出现在以下几个方面：

1. 受别人的影响

我们都知道攀比不好，老师从小就教育我们不要在吃的、穿的上

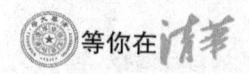

跟同学们攀比，不过老师却没强调过不要在分数上和别人比。和别人比较是给自己增加压力的最快捷的方式。人比人，累死人。每个人都有属于自己的位置，有自己的能力，有自己的任务和目标。不同的人所追求的不一样，付出的不一样，得到的也不一样。与人相比，只会徒增烦恼而已。投身于自己要做的事，通过一个个小目标的实现给自己增加自信，你的分数和名次自然会随着你的努力一点一点地提高。

2. 对考试和对成绩的恐惧心理

很多人对考试和成绩是很看重的。在一次考试失利或者没有达到自己预期的时候，会对自己产生一定的怀疑心理。这不利于自己有效地执行已有的学习计划。我们参加考试，目的是让我们获得更加丰富的考试经验，同时了解我们还有哪些漏洞和不足，进而进行针对性的训练来弥补已经存在的漏洞。如果只看着分数和排名，并不能让我们有多大进步，反而会给我们带来极大的压力。这样，从身心上是不容易调整到学习的最佳状态的。

在高三的后期，学校一般都会进行很多次模拟考试。对于模拟考，我的看法是需要进行认真的对待和准备，而结果则要理性地看待。走过了高三的同学都能发现，几次模拟考试的成绩一般来说都会有一两次比较大的波动。这可能出现在前期，也可能出现在后期。然而你的实际水平并不会在短短的几周之内有实质性的变化，所以要理性看待成绩，让成绩成为激励你的一个动力，而不是压迫你的阻力。平时多给自己做一些积极的心理暗示，相信自己的能力，提升自己自信的层次。这样在面对考试的时候，你就能更加轻松地上阵，从而获得更好的成绩。

3. 对未来的未知造成的迷茫

高考要的就是结果，虽然说"一张考卷定终身"这种说法有些绝对，但不可否认这也是有一定道理的。在自己对未来不确定的时候，内心往往会产生恐惧感，担心自己的未来没有出路，或者一旦考不好就陷入万劫不复的深渊等等。这些担心大多数是没有必要的。在高三的后期，大家都会对自己的定位有一个大致的认识。在考前，考生不应该考虑报志愿的问题，以免分心。负责任的家长会在考前选定几所学校以供参考。即使在考前没有做一些报志愿的准备工作，在高考后还是有很充足的时间来进行这项工作的。所以考生在考前还是要将精力集中在考试内容和所学知识上，毕竟真正决定自己命运的还是你手中的这支笔和那张考卷。

对未来存在迷茫，不要紧，手头还有没做完的题，那么就继续练习。给自己一个希望，通过努力争取让它变成现实。

4. 情感上的困惑

这个问题只有部分人有。高中生正值青春年少，内心难免会有些萌动。当然，我们说真正的爱情是美好的。不过一般来讲，高中时期的爱情往往是不成熟的。在高考前这样一个关键的时期，因为感情问题造成自己内心的波澜，最后没有得到自己想要的结果，并不是很值得。人生的路还很长很长，但是走什么样的路的主动权是把握在自己的手中的。所以我在这里奉劝高中谈恋爱的同学们：理性看待自己的感情和今后的人生，分清孰轻孰重。世界上是没有后悔药的。

大致的经验也只好谈这么多。我的这些话并不能说是绝对真理，只不过是经历了高考的考验后自己的一些切身感受。我可以自信地说，我是通过不懈的努力进入清华大学的。在结果未知的时候，我们唯一能做的，就是朝着可能成功的方向努力。相信各位在今后的学习中能够把握自己的命运，努力奋斗，取得自己理想中的成绩，为实现自己的人生理想迈出坚实的一步。

等你在清华

姓　　名：吴其红

院　　系：清华大学机械工程系

毕业学校：安徽省桐城中学

人生格言：只要你有心，你就有能力创造属于你自己的奇迹！

高考成绩：677 分

每个人都能上清华

一、我为什么写这篇稿子

我很高兴能有机会写这篇稿件。我很清楚，在清华我的成绩根本拿不出手，但是我依然决定在期中考试这样紧张的环境中挤出时间来写这篇稿子。我是这样的一个中等生，我的高中没有任何辉煌的战绩，普普通通地走过。下面是我的一些高中感受，我希望一些中等生能从中找到一些同感，找到原来自己也能上清华的自信。

二、进高中的一些学习感受

说起我的高中学习经历，我真的感慨很多。进入高中后经过几次考试，得出一个结论：高中不像初中，用功了就会有好的成绩，在高中用功了也未必会考得好。然而我今天要告诉各位学弟学妹，用功了就会考好，要相信"一分耕耘一分收获"这个真理，千万别想着投机,永远不要想着不用功就能取得好成绩,我可以告诉你们不可能。也许现在你生活中就会有那种玩得很好又学得很好的人,而你一直埋头用功却得不到和别人一样的光辉成绩,你会困惑,这时你会去找班主任谈自己的学习,谈自己为什么很用功了还考不好,而班主任会很耐心地听你诉说你的烦恼,然后告诉你你确实很用功,每晚都学习得很晚,但是你的学习方法存在问题。然后你会突然间醒悟,原来自己学习不如别人是方法存在问题,于是下决心改变方法期待着下次的成功表现,然而下次考试的结果自己还是不及别人,到底是为什么呢?刚进高中的你会被这样的问题困扰,渐渐地就会习惯了,自己也会认为确实不如别人了。如果你有心考清华却又对自己信心不足,那么我告诉你多用功吧,你会反驳我,我已经很用功了,我每晚学习到凌晨1点,早上6点不到就起床了,白天都不休息,还怎么用功?确实不能说你不用功,但是你用的只是体力功,脑力功又用了多少?你一遍遍重复的知识你真的理解了它的具体内涵了吗?你只是一遍遍无意识地重复,只是知道这个知识在这里该怎么用,想过这个知识如果换个背景又应怎么用了吗?如果这些你都能做到,怎么会考试考不好呢?

三、高中物理、数学的学习建议

下面请允许我谈一谈高中的物理和数学的一些学习建议吧,只对中等生有作用,很牛的就不必看了。

1. 物理

记得高中的物理老师说的一句话,物理要学好,无外四个字:"悟物穷理。"我高中的时候不知道为什么会对自己的物理特别的盲目乐观,总认为自己物理能学得很好。其实到底怎么样呢?只不过很一般而已,期中期末考试也就七八十分,在班上都排不上名次,但就是特别自信,一直坚信哪一天自己把道理想通了就行了。

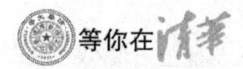

到高三，我们迎来了一本厚厚的高中物理复习资料，我想我把这本书的每一个知识点都搞明白就能考好了，想想都会很有成就感。然而，高三的紧张环境不可能允许自己花很多时间在那本书上，加之老师也不按那上面讲，渐渐地就很少去"光顾"它了，更多的是疲于应付来势汹汹的试卷。但做题的时候就会很心虚，感觉自己的基础好像没打好，这就动摇了一直以来的自信。我想不行了，这样下去，肯定会让自己越做越糊涂，于是我下决心结合书本去看那本复习资料，认真理解每一个知识点。尽管看着周围的人在题海里翻云覆雨，又不禁觉得自己比别人少做了很多题，但这种不安很快就被在复习课本中得到新感悟的成就感所代替，我越来越坚信先把基础打好再去攻题海必定更有成效。事实证明我当初的决定是正确的，虽然我做的题目越来越少，但考的成绩却有了不小的提高，以前总在七十八十上下波动，而在系统复习课本后一下跳出了那个瓶颈，成绩上了个新台阶，经常在 90 分与 100 分之间波动，很少再回到 80 分了。

当然，成绩提升的另一方面是听课的功效，以前上课总是打瞌睡，很多知识点都错过了；复习课本的同时也更注重听课了，因为睡得（晚上 11 点之前就上床了，早上 6 点多才起来，中午还会再睡一个小时）比较充足所以听课有精力。其实上课很讲究的，要想听好每一节课，必须有旺盛的精力，你要确保你的大脑转得比老师的快，至少不能比老师的慢，而要做到这一点必须课前准备好，要对老师这节课所讲的内容大致清楚，这样你上课就不会被老师拖着跑，而是感觉很轻松，这样你就有精力来想比老师所讲的更深层面的东西，将老师前后所讲的知识连贯地思考一遍，学会像老师一样站在一个高的层面上思考问题，坚持一学期后你会感到自己的思维的确会清晰很多。这儿强调一点，千万别贬低自己的老师，每个老师都有自己的教学思想，也许会有老师上课比较沉闷，但他是你老师，你想学好就必须接受，而且老师教得很认真，没有不想自己学生考好的老师，不是吗？再说一点，千万别有时候觉得老师的方法比自己的麻烦，就觉得那个老师的课实在没必要听，不如干自己的事，这是一个错误的想法。我不否认的确有些老师的思维有时候比不上一些同学的灵活，但就这样的老师也必有其可取之处，难题他讲得不好不意味着他基础知识讲得不好，耐心去听每个老师的课肯定会有意外的收获。具体说说该怎样听老师的课吧。

　　如果是新课，你要是不想被课堂上的新知识弄得一头雾水最好提前预习。预习不是看一下课文，而是试图独立地学习一遍，关键的知识点要做到心里有数，关键的公式推导要独立地看懂，对于例题最好自己先不看下面的答案尝试做一遍，实在不知道从哪儿下手，再来看结果，要求每一步都要弄懂，每一步的理由一定要说得出。做到这样，接下来的课上就是你听老师讲并不断比较你和老师的思维差距的过程，在课上你会对知识有更深的理解，课下再来看一本配套的资料书，对上面的例题做到举一反三，之后做完后面的习题，你的这一节知识一般会学得很扎实，等考试前再复习强化一次，这个知识点你绝对掌握得很熟练。如果是评讲习题的课，在上课之前你务必确保要讲的习题你都做过一遍了，听老师讲的时候不要抢着记板书，听才是最重要的，记只需记老师提出的关键点，一般老师会写在黑板上一个空白的位置，写在很多文字之中的话也会用不同的方法强调突出的，或者口头重复好几遍，课堂上要用笔一字不漏记的只有这些，其余的努力做到用脑子去记。课下找时间来回忆整理，有时间的话找一些类似的题目做做，找不到的话就把原题的数字适当改一下，也许这样做会很乏味，但绝对能确保你真正掌握上课所讲的题型和方法，而且很难忘记，每节课能做到这样，一定会学得很好！

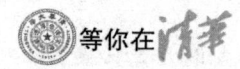

2. 数学

我认为数学和物理是相通的，所以就不再赘述，像学物理一样学数学，也一定能学得很好。接下来说说数学应试吧，当然各人有各人的方法，只供参考。首先，不论学得多好，都要跟着老师的节奏把基础知识复习一遍，然后做一些专题试卷，这样就不会在基础上有什么问题了。有些老师会推荐同学们买模拟试卷做，但我想如果你内心对高考有些畏惧，就从上学期开始做高考真题，一般做 5 年内的，就数学一科，共有 90 张左右，安排好时间，保证在 4 月底做完，整个 5 月你就把以前做过的高考试卷分专题来看，比如解析几何，一个专题一个专题地看，一边看一边总结，写下高考在这方面主要考查哪些知识点和数学方法，还有经常用到的数学变换技巧。在你做这些的过程中，你周围的人会在疯狂地做模拟题，你一定要放平心态去做自己的，不要动摇，高考是很难遇到原题的，不要有任何侥幸，相信练好基础，什么高考新题都能应付。

四、心态

再来说一点儿心态吧。其实很简单，把心放开就好了，不要把高考想得太重要。一步一个脚印踏踏实实去学，高三会有很多困惑，别想太多。想着自己在勇敢地战斗，要有种自豪感，当自己取得进步时，给自己鼓鼓掌，加加油，相信你自己是最棒的。再说一点儿，高考那几天该怎么度过呢。高考的时候，一定要把心放平，一切作息尽量保持和以往差不多，饮食也是。如果考试前的晚上失眠了，不要担心第二天的考试，要相信年轻人一两晚上不睡觉是没关系的，不信的话可以做做试验。还有，考试的时候如果遇到了不会做的题目，不要紧张，没关系的，从容应对，该放弃就放弃。永远别想着题题都会做，总有不会的，遇到后千万别慌，是选择题的话思索一番未果后先写一个结果；如果是解答题写上必然涉及的一些式子，会得一些分数的，千万别空着。

五、结束语

每个人都有机会上清华，清华人不都是天才，只要你足够努力，就能成功，相信你能考上清华的。自强不息的清华人欢迎你的加入。弟弟妹妹们，一定要自信，每个人都是金子！好好准备，清华欢迎你，我们在等你哦！

姓　　名：林　冠
院　　系：清华大学机械工程系
毕业学校：甘肃省武威市第一中学
人生格言：The miracle only happen to the one who believes.
高考成绩：661 分

走过高三

　　走过高三，在与试卷的拼杀中我很幸运地胜出，其中多少酸甜苦辣现在回想起来依然记忆犹新。高三的生活，每一分每一秒都那么宝贵，同学们都将自己理想的大学深藏在内心，埋头苦干，只等着积蓄了能量，在最后的时刻释放。如今，我迈入了大学校门，这一路上的许多经验与记忆，或许值得与大家分享。

　　记得刚入高三的第一次模拟考试，我的语文成绩还在不及格的边缘徘徊，但凭借一年的努力，高考时语文还是拿了 120 分，自己也感到十分满意。语文老师的正确训练方法，或许是其中最为关键的一环。

　　高三时，语文老师要求我们买近几年的高考试题，每周两套坚持做，而且每次都要限定时间。记得刚开始我没太重视，只是随便做做，遇到难题就想抄答案，训练了一段时间发现并没什么效果。后来老师强调："即使你不会做，也要努力自己做出答案，尤其是阅读题，一定要仔细思考过以后再参照答案。"于是我按照老师的方法，所有的题目，都先自己写出答案后，再对照标准答案一个一个地仔细修改，这样坚持了一段时间以后，我发现自己对语文阅读题已不再感到头疼，即使碰到艰涩难懂的题目也能捋清楚条理，然后写出答案，而且做题速度也越来越快。到了高考前半月，我几乎是坚持每天一套题，正是由于这样大量的训练，最终在高考考场上才做到了毫不慌张，发挥正常。

数学对我来说应该是最头疼的一门课，高一、高二时的成绩不太理想，但高三一年的成绩提升非常明显。刚开始我跟大家一样，只知道没日没夜地做题，但感觉效果不太明显。由于感觉金考卷上的题目比较好，我在做完一轮复习资料后就专攻金考卷上的题。我基本上把金考卷每一期都买了，然后把那上面的题一道一道认真做。渐渐地我发现，有很多题目都是类似的，只要你抓住了思路，抓住了基本方法就能解决。所以，在做题过程中不断总结是非常必要的。你可以专门准备一个笔记本，将一些典型题型分类记录下来，在旁边注明解题思路和步骤，并时常翻阅，就可以达到事半功倍的效果。

英语和理综则一直是我的强项。对于英语我要说的就是一定要坚持，只要坚持就会有收获。从高一开始我坚持每天做英语阅读和完形填空，从不间断，而且对做错的题一定要认真分析。同时要适当地阅读一些英语课外读物，如《21世纪报》《英语沙龙》之类的，培养一下自己的语感。至于语法知识，只要认真听老师讲课，并不需要花太多时间在语法书上面。我想只要有量的积累就一定会有质的飞跃。

理综是决定理工科学生成绩的关键，我认为只要做到以下三点就不会有大问题，那就是认真阅读课本、归纳课本主线、适当练习。很多人会觉得像物理、化学应该大量做题，看书有什么必要？但物理是我的强项，我始终坚持的就是通过看课本把握主线，比如，我们从力

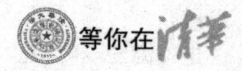
学到电磁学，中间过渡的仅仅是增加了电场和磁场，对于综合性问题我们只要把握，去掉电场、磁场的作用一般就是一个纯力学模型，我们要做的就是把问题层层剥开，首先考虑研究对象在电磁场影响下的运动，然后再考虑去掉电磁场以后的运动，最后把两种运动叠加就是题目的模型。只要把握主线，那么在遇到复杂问题时就不会摸不着头脑。将所有知识贯通一线，然后再配以适当数量的训练，就一定会有收获。

　　总之，在高三的学习中，一定不要忘了经常性的总结回顾，对前一段时间的学习方法与状态做出评价，然后不断改进。在这个过程中，多向身边的同学请教，有任何问题先自己独立思考，若实在难以解决就问问同学，他们的做题思路或许会让你茅塞顿开。

　　良好的精神状态也异常重要，回想我刚开始做题的经历，因为做得太多了，不仅没有一点儿成效，而且自己整天萎靡不振，效率低下，实在没有必要。正确的方法是劳逸结合，该休息的时候就要放松放松，才能在学习时有充沛的精力。我想只要形成自己的学习方法，并在借鉴他人的基础上不断优化，再加上持之以恒地付出努力，就一定会有所收获。

姓　　名：刘 晗

院　　系：清华大学机械工程系

毕业学校：北京大学附中河南分校

人生格言：心之所向，无胜不成！

高考成绩：687 分

人间词话——谈高中生活的三境界

　　转眼间来到清华园已有半年，每日都在繁忙中飞快度过。但有闲暇，想到自己忙碌的大学生活，与高三生活真的有那么一点相像——都是在每时每刻的奋斗中一步步向着自己的理想靠近。其实，在高三这一年的拼搏中，我对自己有了一个全新的认识，而说到经验，我也在此说一些，希望能为还在为了高考努力的学弟学妹们加油助力。

　　第一，对于学习方法，这是因人而异的，所以同学们应该找到最适合自己的那种，并且坚持下去。世界上没有两片完全相同的叶子。所以，没有最好的学习方法，只有最适合自己的学习方法。适合自己的就是最好的。那么，什么才是最适合自己的呢？我觉得，只要是使自己学习成绩能够稳步地持续提高，同时又不会透支自己的健康或者使自己整日疲倦不堪的方法，就是适合自己的。比如我们班上有些同学，他们的学习方法就是大量做题而不知疲倦，刻苦努力，最终能够

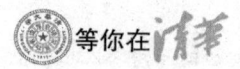

取得很好的成绩，这就是适合他们的学习方法。而对于像我这样的学生，如果硬逼着自己去向他们看齐，疯狂做题，可能会适得其反，会把自己弄得很狼狈。因而，找到良好的学习方法，首先要正确地认识自己，了解自己的极限，然后据此选择适合自己的学习风格与方法，最终方能达到最优效果。

第二，希望同学们可以正确处理自己面临的压力。每一个高三的学生，都会感受到压力。父母的殷切期望给的，老师的谆谆教诲给的，同学间的激烈竞争给的，还有自己为了实现理想强加给自己的。我觉得，不要把自己的压力扩大化，正确的态度是把它当成空气：失去它不行，因为我们的努力需要它作为驱动自己、鞭策自己的动力；太多也不行，因为一个高三学生的心理无法承受。排挤过多压力的方法也是因人而异的，听歌、看电视、看电影、运动、上网，都可以起到一定的作用。但是，无论哪种方法，都要适量，毕竟大家都是高三的学生，不能为所欲为。高三时我的选择是去跑步，特别是上体育课的时候。我不擅长体育，最害怕的就是跑步。所以当时我对自己说：既然最辛苦的我都可以忍受，可以熬过来，那么，考试又算什么？那种喘不过气、随时倒下来的感觉至今我都记得。当时我就想，这么痛苦的事情我都经历过了，我还有什么事是不能跨过的呢？这样，考试的担心、紧张、恐惧，就可以减轻了。

第三，心态是一个重点，它直接影响到考试的成绩，良好的心态是考出好成绩的前提。在高考中，决定成绩的往往是心态与情绪，而非仅仅是知识因素。在高三的学习中，我觉得最好的心态就是平常心，这样学习起来更有效率，而在考试前，应该要有适度的紧张，这能使自己处于兴奋状态。情绪的波动是正常的，也是无法避免的，关键在于处理是否得当。个人感觉，心态是个决定性因素，要予以高度重视，及时调整好心态，让自己以最佳状态度过高三的风风雨雨，迎接高考的洗礼。在升入高三时，我的学习成绩并不是很突出，在班里也是个挺不起眼的角色，而当时班上有很多牛人，在年级中呼风唤雨，每次考试总能名列前茅。如果你不能克制自己的争强好胜的心态，很容易就会因为一次考试的失利而丧失信心。而对于我来说，高考尚未到来，一切皆有可能，一时的成败并不能代表什么，只要努力，只要我能保持自己在高三一年中稳步而持续的前进与进步，最终我同样能够为自己理想的实现而微笑颔首。抱着这样的平常心，我一步步地提高自己，完善自己，弥补自己在各方面的不足，而并不关心我与别人的差距到底有多大。最终，我能够实现进入清华的梦想，考出全省第三的高考成绩，与良好的心态不无关系。

第四，重视与老师的沟通。老师在我们的学习中起着十分重要的作用，因而与老师沟通也是必要的。你的高三毕业班老师，一定是有着多年教学经验的资深教师，对同学们在高三时可能会遇到的各种问题有着丰富的经验，他们能给你的不仅仅是解决问题的具体方法，更可能是使你能够更快更好地提升自己的方式。这种沟通可以是前面讲的心态上的，也可以是学习上的，把自己不明白的知识点告诉老师，让老师知道自己存在的问题，这对学习有事半功倍之效。许多同学在不懂时会选择与同学交流探讨，这当然也是一个很好的途径。其实，咨询老师会起到更好的效果，因为同学告诉你的可能只是这道题的解法，而老师告诉你的却是这类题的解法，甚至会给出许多不同的解题途径，同时还可以引申与总结。这对知识与思维的点拨无疑是质的飞跃，就如同清夜闻钟，醍醐灌顶。

最后，我想把王国维先生在《人间词话》中提出的三种境界放在这里，形容我的高三生活，也希望能够对学弟学妹们的高三生涯生发出一点启示。第一境，昨夜西风凋碧树，独上高楼，望尽天涯路——为学者，首推理想。整个高中生涯，我一直把清华作为自己的理想，而在追逐的路上，总会有太多的荆棘沟壑、迷失彷徨，但是在深夜揽灯之时，抬头总能看到心中的理想在远方熠熠闪光，所以我能

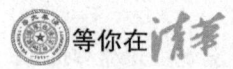

坚持到最后，达成自己的追求。第二境，衣带渐宽终不悔，为伊消得人憔悴——勤能补拙。我知道自己的悟性与天赋不如那些牛人，所以我并不会在天赋上下赌注。选择勤奋，就是选择了一些别人无法经历的辛苦与汗水，但苦尽甘来，当我在清华的林荫道下徜徉，让自由的风拂过脸颊，我知道，一切都值得。第三境，众里寻他千百度，蓦然回首，那人却在灯火阑珊处——宠辱不惊，得失之间，不在乎一时的成败，只要你足够努力，最终的成功与理想总会在灯火阑珊处不经意间与你相遇。

等你在清华，希望明年的清华园中，能够看到你的身影与笑容。

姓　　名: 孙　晓

院　　系: 清华大学机械工程系

毕业学校: 河北衡水中学

人生格言: 当一个人遇到不如意时，需要记住的是这是暂时的，需要做的是坚持不懈，直到成功!

高考成绩: 685 分

我竟然真的来到了清华

我是一个在高一高二从没进过年级 20 名，在高三从没有进过年级 100 名，甚至在高考前连续考出年级 500 名和年级 600 名的尴尬成绩的学生，但是我在高考时考到了年级第 6 名的成绩，并且成功地考入了我梦想的大学。下面我将介绍一下我的高中历程。

在刚入高中的时候，我当然想过来到清华这个令人神往的地方，但是无情的现实让我有些心灰意冷，连续几次考试我都在年级 100 名左右徘徊。虽然知道这只是开始，但现实还是令自己有些失望。

我在高一的时候选择了通过竞赛来达到自己来清华的目的，但是可惜，经过近两年的努力，我最终无缘奖项。我于是不得不踏入了高三。

因为身在以严厉著称的衡水中学，所以我们每天都在忙碌中度过。我已经习惯了每天早上五点半起床后的早操，每天超过 15 个小

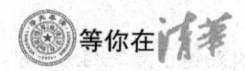

时的学习生活，每天跑步奔向食堂的匆忙。我渐渐在衡中的严格下，开始了自己的追梦之旅。

在进入高三的时候，因为竞赛的原因，我很长一段时间都找不到学习高考科目的状态，导致我的成绩极度不稳定，一直在年级 200 名左右晃。但是当老师要求将自己的目标写在门口的牌子上时，我犹豫了一下，还是写上了清华大学。但从此我也开始真正地向目标迈进。

我认为学习还是勤奋最重要，因为假使学习成绩为工作总量，那么时间就是一个影响它的重要因素。只有时间保证了，总量才能上去。于是，我便开始了艰难的学习生活，每天在宿舍、教室、食堂间奔波，很多时候为了一道题可以在教室待到被楼管赶回宿舍，可以每天抱着语文积累本傻傻地背，可以在星期天早上 6 点钟回到教室去做那些无聊的物理、数学题，可以在回宿舍奔跑的路上和同学探讨一道数学题，可以在……那是一个可以在一个星期内用完三根笔芯的季节。辛苦的高三啊，但是那是一种辛苦的快乐。因为我心中有着一种对清华执着的向往。

听老师的话也很重要。我们毕竟只有一次高考的经历，不可能对其有着准确的把握，但很多老师都有着多次送学生的经历，所以他们会告诉学生们怎样去学习，怎样去应对学习中的问题，而且他们教给我的考试技巧和心态使我受益匪浅。例如，我在老师那里学到的特值法使我用了不到半个小时的时间就解决了数学的选择判断题，而且其中有两个判断题我不会用正常方法做，这为我最后的大题赢得了宝贵的时间，使我能在最后时刻算完解析几何的题目，取得了数学 144 分的成绩，使我最终考进清华大学。还有今年的物理题中，最后一题我可以说没有把握，但是我因为记得老师的步步为营的策略，于是我把前两种特殊情况全部求解正确（实际上只有三种情况），使得我物理的最后一题得分也没有太影响成绩，最后一题估计也只丢了 4 分。没错，很多人都有自己独特的想法，有些也取得了很好的成果，但我认为，我们可以保留自己的想法，但也应该尊重老师的想法，不妨试着去做，我相信一定会对学习有帮助的。下面我想就自己的经验结合老师的方法简要谈一下各科的学习。

对于数学，我认为改错最重要，这是防止自己犯同样的错误的最好的办法。因为数学的题型和方法比较固定，所以改错就显得异常重要。每次考试之前，我都会拿出我的改错本把自己近阶段的错题和一些重要的类型题拿出来看一看，使自己在考试时多一分把握。物理和数学大同小异，都是以理解为主，都是对思维的考察，所以改错本还是必不可少的工具；生物和化学是一种靠记忆和理解的学科，课本是最重要的学习工具。我习惯把所有有用的知识都记在课本相应的地方，因为这两科都是章节型的，每一部分都有固定的内容，所以把知识点记在这些地方有助于考前的重点复习。对于语文，我认为除了多进行训练，多记忆一些重要的解题技巧是非常有帮助的，例如，诗歌鉴赏和阅读理解的题目。至于写作，除了平时的积累和语言的雕琢，就得靠考试时的状态了。英语，我的经验就是平时多进行记忆，还有，准备改错本和平时的积累本也是不错的方法。如果有条件的话，看一些英美的电影，听一些英文歌也能培养语感，这在英语中是很重要的，因为如果考试时不会的话，语感就是唯一的凭靠了。至于地理、历史、政治，限于是理科生，我实在不好妄言。

我认为高中尤其是高三阶段，心态有时比实力更重要。试举一例，我们班原来每次考试都是前几名的一个同学，因为高考前一段时间压力过大，加之与班主任有一些小的矛盾，学习起来就没有什么激情和状态，高考时就没有发挥出正常水平，以至于只考到班里四十几名，无缘名牌大学。而我认为我看待高三的压力与艰苦的心态还算可以，当我高考前的成绩为五六百名时候，我除了有一些不甘外没有什么压抑，反而更加地努力，就这样平静地度过了高三的最后时期。正如我们班主任对我所说，高考和模拟考试的成绩一点关系都没有，只

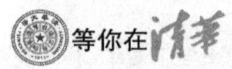

要你没有放弃自己，没有人会放弃你。所以，高三的最后，平静地度过是高考生的最佳心态。

我写这篇文章，就是要告诉所有目前不如意的高三考生，你们也有希望靠近你们心中的理想大学。我就是从一个不如意的考生走进清华园的，我在清华园等待着你们的到来。

姓　　名：王兆洋

院　　系：清华大学经济管理学院

毕业学校：北京大学附属中学河南分校

人生格言：自信人生二百年。

高考成绩：668 分

谈关于高考的心态和学习方法

又是一年即将逝去，在北京的寒冬，走在清华园中的我们，在忙碌中却总能感到充实带给自己的温暖。回首去年一年的奋斗与拼搏，不由在心中感叹：高三，确实是一个人生命中无法复制的 365 天。作为一个已经走过高考这座千军万马拼尽全力要跨过的独木桥的人，我把我的一些自认为独到的经验与已经或者即将踏上战场的学弟学妹们分享一下，希望能够对大家的学习起到些许作用。

首先，我要强调的便是心态。我始终认为，在高三，决定你是否能够最终将成功的累累果实真正抓在手中的，便是你是否拥有一个良好正确的心态。我觉得高三时同学们常见的心态和学习风格其实可以分为三种——潜龙勿用、亢龙有悔、飞龙在天。

抛开这三个词本身的含义，在我的语境之中，"潜龙"是指觉得只有一年再奋斗再努力也没有用的同学。而常出现这种心态的多是一些可能平时学习成绩欠佳的同学，对自己丧失了信心而自暴自弃，放弃了对自己理想的坚持。潜龙勿用，当然就是指这种心态并不是一个高三学生应有的心态。毛主席曾经说过，一万年太久，只争朝夕，所以一年的时间，对于一个踌躇满志、积极乐观的人是足够的。就在我们学校的上一届中曾经出现过一位牛人，是位复读生，第一次高考只考了400多分，但经过一年的磨砺和努力，第二年竟然把自己的高考成绩提升到600多分。也许你会说奇迹不可复制，但是我只是想要证明，只要你真正付出汗水，尽力而为，你最终会发现，你的目标和你的理想就在你的前方不远处向你招手微笑。亢龙有悔，"亢龙"则是另一种极端：这类同学甫入高三，就好像绷紧的弹簧，开始了魔鬼般拼命三郎式的学习。无休止地做题，放弃一切休闲和放松活动，压榨自己的睡眠与休息时间来达到对时间的最大化利用。其实这些同学的初衷是很值得鼓励的，毕竟他们知道了拼搏与努力的重要性，也愿意为了自己理想的达成而付出一切。但是关键的问题不在这里，我们要问的是，这种拼命值得吗？或者说，这种拼命是有效率的吗？《易》："亢龙有悔，盈不可久也。"所谓盛极而衰，绷紧的弹簧是无法持久的，没有劳逸结合而一味地拼命，这样的状态又能持续多久？没有哪个人在疲劳状态下能够真正有效地学习、思考，压榨自己的休息时间用来学习，只能使学习时间变长，并不一定会带来与之相适应的成绩的提高。最终的结果，很可能是陷入晚上熬夜课堂上补觉的恶性循环，甚至摧垮自己的身体，得不偿失。至于最后一个词——飞龙在天，从字面上就能看出，这是一种良好的正确的健康的心态。只要你能够做到胜不骄败不馁，不会为了某一次的模考的成败而骄傲或沮丧，不会对自己一年的拼搏努力产生怀疑，不会因为丧失了前进的勇气和自信而止步不前，不会为了超越别人而不顾身体地拼命学习，不会为了再多做一套考卷而把必要的放松与休息时间牺牲掉，也不会熬夜熬到凌晨1点而第二天课堂上呼呼大睡，那么，你就在向着高考中自己的"飞龙在天"又迈进了一大步。

　　说完了心态，再来谈谈一些有关学习方法的内容吧。学习习惯与学习方法并没有绝对的普适性，也就是说，适合每个人的学习方法是不同的，并不能一概而论。但是一些基本的原则还是可以通用的。我就说一些我自己的切身体会吧。首先，对时间的合理分配非常重要，每天如果你能够把自己学习、休息以及处理其他事物的时间进行合理而有序的分配，并使之成为习惯，你会发现，有条理的生活会使自己时时刻刻都充满活力。其次，要有一些符合自己能力的学习计划，这里的计划不要求特别细致特别精确，而是针对一段时间的学习目标制定一个宽泛而有针对性的实施步骤，比如，对"我要在一个月内将自己的语文诗歌鉴赏分数提高多少"的目标，你可以制定"每日完成两到三道诗歌鉴赏题目并总结一个类型的题目的答题技巧"的实施步骤。再次，就是可以适当加大对题目的训练量，也就是俗称的题海战术，但是这里的题海并不是鼓励大家大量、重复、低效地做题。具体而言，是要在对试题做出选择的基础上有针对性地大量练习，有目的性和针对性地选择一些有代表性的类型题或者针对自己的薄弱环节寻找一些能够查漏补缺的试题来训练自己，并有意识地提升自己的答题技巧与时间控制能力，这样才能使自己的学习成绩稳步提高。

　　最后，我还想叙述一种我自己认为非常有效的学习和答题技巧，对很多同学应该都会有些许助益。我把它称作——模式化答题。经过对历年来的各种考试试题的分析与归纳，我们可以很清晰地看出，考卷上的试题大多有一些固定的类型，因而对各种类型的试题相应地总结出一定的答题模式便成为可能。举例来说，对诗歌鉴赏题目，就有一定的答题公式：这首诗采用了（表达方式、修辞手法、表现手法）技法，写出了（意象）的（某某）特点，表现了（突出了）（某某）思想、感情，起到了（某某）作用。具体到各个学科，答题的模式和技巧各不相同，但在研习一定量的题目的基础上，都可以对其进行

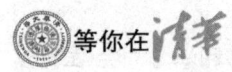

总结与归纳。这样在以后的做题与考试过程中，首先就要辨明遇到的题目属于哪种类型，应该用哪种模式做答，然后根据题目的具体内容进行解答即可。总之，只要你在平时的做题过程中能够把各种类型的题目尽可能找齐全，然后分别总结答题技巧与模式，并在以后的练习中不断地巩固、强化、完善、记牢，在考试中就能够轻松解题，游刃有余。

最后，送给大家一段鼓励的话：如果努力，高三便会成为你人生的一块里程碑；如果奋斗，高三便不会为你带来伤痛与悔恨；如果拼搏，高三就是你起飞的那片平原；如果坚守，高三就会用理想的实现犒劳你流淌过汗水和泪水的脸庞。前进吧，我们等你在清华！

姓　　名：吴文昊
院　　系：清华大学电子工程系
毕业学校：中国人民大学附中
人生格言：行胜于言。
高考成绩：693＋20分

我的一点学习心得

　　从小学到大学，学习一直是我和诸多同龄人的一个重要的生活主题。而我有幸在人大附中度过了 6 年的中学时光。正是在这段日子里，在父母老师的指导、同学的影响下，我逐渐锻炼了自己的学习能力，培养起一些学习习惯。以下是我自己的一点有关中学学习的心得体会。

　　首先，中学学习需要将自主学习与教师授课结合起来。无论是预习课本内容，还是准备学科竞赛，都离不开自己对未知知识的直接接触与理解，而且自学能力在中学以后的学习中会变得尤为重要。我在高一时已经自学了部分高等数学和普通物理学的知识，并预习了高中的部分课程内容。然而，就我个人的经验，自学并不能完全取代老师的授课。因为高一时自学了高中的数学知识，我最初上数学课时便不

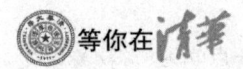

愿听讲。但通过几次作业和考试，我发现自己还有很多问题，而这些问题都是老师上课讲过的。自学能力是需要逐渐锻炼起来的，当学生开始自学时能力难免有限；而学校的老师在授课上有着多年的工作经验，对知识的理解一般也比同学自学来得深。课上跟着老师走，扎实一些，效率也要高一些。因此，我认为，中学理想的学习方式应该是尽早开始尝试自学和预习。老师不讲的内容当然只能自学，而课堂内容应该自己先看过一遍，再认真听老师讲。这样既锻炼了独立思考的能力，又加深了对内容的理解。

其次，在学习过程中，对知识的深入理解离不开量的积累。无论是课内知识还是课外知识，都不是将教材看过一遍、听老师讲过一遍后就可以自认为完全理解了，而是要通过大量的习题，在具体问题中加深对知识的理解。以我自己为例，我在高二下半学期时已经将高中课程内容基本学完，但在各科统练中却经常暴露出大量知识漏洞。而通过高三学年的复习特别是上半学期大量、系统的练习，在几个月的时间里对知识的理解就有了从量变到质变的进步。

需要注意的是，在积累的过程中，学生可能会经历一段"高原期"：自己感觉题目已经做了很多，但再怎么做成绩也没有提高。对这个问题，其实可以这样理解：一个学生在初期的学习后，头脑中的知识体系会有很多漏洞，而大量做题的目的正是弥补这些漏洞。假设为了补足其中的50%需要做100道题，那么，为了补足其中90%的漏洞可能还需要再做200道题。而且从0到50%，成绩上往往只有细微的差别；而从50%到90%，成绩上就会有质的飞跃。所以只要坚持积累，度过高原期，你的成绩就会有很大的提高。

　　另外一个问题是，很多学生觉得高三老师总是没有意义地布置重复的题目。其实，深刻记忆的最有效方法就是高频重复。比如说，背记英语单词时，每个单词看两分钟、一次看完的记忆效果肯定没有每个单词看 20 秒、重复看 6 次的效果好。做题也是一样，一次作业或考试中并非只有以前没见过的题目对一个学生才有意义，那些重复的题目其实是在不知不觉中加深了记忆的。写到这里就一定要提一下我的高三老师们，他们对各科的重点与非重点内容把握得非常到位，而且会根据学生考试中暴露出来的问题，通过重复出题，反复加深、考查学生们对重点的理解，而对一些比较偏的内容，则往往是点到为止。这样，我们在高三一年中就少做了很多无用功。

　　学习过程中的另一个重要的内容是对学习效果的考察，而中学最主要的考察方式就是考试。那么，该如何通过考试结果来评价学习效果呢？一般来说，日常性的统练可以筛查学生的知识漏洞。根据每一次考试的情况，学生可以了解自己知识上的错误和疏漏，进而有意识地加强知识内容的理解记忆。而阶段性的大考则可以考察一段时期以来的综合学习结果，指导学生调整学习方法和学习状态。

　　有的学生不重视日常的统练，认为只有大考成绩才写在成绩册上，大考时认真，平时考试就马虎一些。这样的心态无可厚非，但大考毕竟远没有统练频繁，如果想要客观及时地了解自己的学习状态，就应当在统练中尽可能认真发挥，暴露出真实存在的问题，对考试的结果进行纵向比较并及时调整。

　　就学习内容而言，在各科均衡发展的的基础上，还应强调广泛、深入地学习。中学的课程内容是面向全体北京学生的，绝大多数学生只要付出一些努力都可以达到基本课程要求。在这一基础之上，学生可以根据自身情况，适当接触一些常规课程以外的知识。比如说，无论是文科学生还是理科学生，都应当在学校课程之外涉足历史、文学、科普等知识，提高自身的人文和科学素养。少数学有余力的学生应当主动参加一些学科竞赛。这些竞赛可以为学生的升学提供一条独立于中考、高考外的途径，而且在准备学科竞赛的过程中所学到的知识要远深于课本内容。学习竞赛知识也要求学生摸索出适合自己的学习方法，培养严谨务实的态度。这本身对学生的成长就有很大的好处。总之，无论是在人文知识中广泛涉猎，还是在学科竞赛中具体钻研，都有助于学生提高自身人文、科学素养，发掘学习潜力。

最后谈一谈学习方法的问题。有些同学将自己的成绩不理想归咎于自己的学习方法不当，于是经常向一些成绩好的同学请教学习方法，并频繁地进行调整。其实，学习方法是一个很抽象的、具有很强个体性的、难以克隆的东西，同学之间所能相互借鉴的至多只能是一些比较细节的学习习惯。即便如此，在采用他人的学习习惯时，也要根据自身实际情况进行甄别、调整。实际上，中学的学习过程是一个有着明确终极目标（主要是中考、高考）而且可以进行长期准备的过程，每个学生在这一过程中完全有条件发展出一套适合自己的学习方法。只要能够正确地评价自己，并据此积极主动地学习，就可以算作是一个好的学习方法。中学阶段取得好成绩的关键其实是勤奋，而且是一贯的勤奋。勤奋的作用是不能被学习方法、天资等因素代替的。总而言之，一个学生在中学阶段找到适合自己的学习方法，养成勤奋学习的习惯，基本就获得了受益终身的学习能力。

　　以上就是我对中学学习的一点体会。在中学学习过程中，每个学生都有着自己的见解。衷心希望同学们能够找到适合自己的学习方法，培养起良好的学习习惯，在学习的过程中不断成长！

姓　　名：李林峰
院　　系：清华大学医学院生物医学工程系
毕业学校：湖北省宜昌市第一中学
人生格言：只要相信你能做得到，就没有什么可以拦住你。
高考成绩：666 分

站在桥边看风景

有人说高考是一个战场，其实在我看来，也并不尽然。也许说高考像一座千军万马争相欲过的独木桥的说法反而更加贴切。今天，作为一个已经越过"独木桥"的过来人，我也来谈一谈对于高考的一些想法及感受。

一、压力

众所周知，在无数高三学子的肩上都担负着让人几欲崩溃的沉重压力。面对压力，那些勇于承担而且善于化解的人才终究没有被击垮，从而离成功又近了一步。如果轻而易举地被压力所打倒，那么，距离失败的泥潭也就不远了。任何人都会遭遇到压力，无论你处于何种阶段，压力都是一个不可避免的话题，只不过在高三这个特殊的时期，这个问题显得尤为突出而已。于是，学会正确地处理和化解压力也就成为这一阶段的当务之急。

正如我们小的时候就听到的一句名言所说："困难像弹簧，你强它就弱，你弱它就强。"压力亦是如此。只有意志坚强、品格坚毅的人才可以承受住。不用说，相信任何一名同学都会认为，在高三这一年，最大的压力莫过于一次又一次、永无止境的考试。而考试中成绩的变化、排名的升降则更是牵动着无数学子的心，成了压在心头的一块无法去掉的大石头。也许只是一分的差距、一名的区别，但是也足以让一位十分在意成绩的同学为此失望与沮丧很长一段时间。若长时间发展下去，只会让一个人逐渐失去对自己的信心，有了"我很差，我没有能力"的消极想法，而最后，就必然导致高考前的心理失衡。当然，这只是处理压力的反面典型，而那些在调节压力方面轻车熟路的同学，则是另一番光景了。也许在一次发挥失常后，他会迅速地将注意力从那"不堪"的排名中脱离出来，转向反思（这无疑是备考阶段最重要的一个部分），思考自己在哪些方面没有做好，在哪些方面没有理解透彻，怎样才能在下一次做得更好，或者避免相同的错误再次发生。只有这样，才会让自己甩掉沉重的压力包袱，不让它影响自己的情绪，影响自己下一阶段的学习。只有拥有了平静和淡定，将花在惶惶不可终日的忧虑上的时间用来充实自己，才可能提高自己的学习效率，从而使自己在学习竞争中占得先机。

其实，想要化解压力有非常多不同的方法，对于不同的人可以选择最适合自己的、最能让自己放松的方式。例如，可以在学习一段时

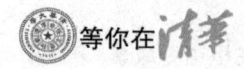

间之后听一听自己最喜欢的音乐，缓和一下紧张的神经；或者彻底地放松一下，美美地睡上一觉，也不失为一种十分有效的办法。但是，我的建议是离开书桌，花上一两个钟头在运动场上尽情驰骋，在挥汗如雨之后冲个热水澡，在这期间将恼人的分数抛在脑后，纵情释放。这应该是最让人放松的一种方式了。

在许许多多的高考状元的访谈中，都不约而同地提到了平和的心态是成功的一大利器。所以，走出压力的阴影就成为我们迈向好成绩的关键一步。

二、自信

"不想当将军的士兵不是好士兵。"这句名言从古至今不知激励了多少人去做一位有雄心壮志的"士兵"。但我们要知道，只有对自身充满信心的"士兵"才会踌躇满志地放出想要当"将军"的豪言壮语，也只有这种充满信心的人才有可能真正地成为一名"将军"。

将这个道理用在学习上也一样成立，只有想要取得好成绩并且有自信做到的人，才有可能让其最终成为现实。没有哪一个人会在一天到晚地认为自己没有实力的情况下渐渐提升自己的成绩，只有相信自己有能力与实力的人才能做到。所以说，自信心也是成功的一个不可或缺的必要条件。

就拿我自己来说，在高一高二的时候，我的成绩只在年级 50 到 60 名之间徘徊，在高三的时候才逐渐进入年级前 50 名，然后前 40 名、前 20 名、前 10 名，直至年级第一。不得不说，这与我的自信心有着非常大的关系。在每一次考试之前，我都不停地提醒自己："相信自己！你有实力再进一步，那为什么不努力试一试呢？"正是这种积极的心态，才使我在考试中能够正常地发挥，让自己的成绩稳步提升。

对于许多同学而言，尤其是名次不是太靠前的同学，自信一定会是一剂十分有效的强心针。不要总抱着一种认为自己的成绩不够好就没有资格谈自信的想法，这种错误的想法正是制约很多人进步的罪魁祸首。当你望着排名榜上一个个居于前列的名字"兴叹"时，是否只是仅仅在羡慕别人似乎异乎常人的智商，而从未意识到其实自己也完全可以做到呢？如果你的心中永远只有欣羡，那又何来努力的动力呢？所以要相信自己有这个实力，这样才会有努力的动力，有了动力难道还不能逐渐地进步吗？

三、家庭

一提到家庭在高考备考的重要性，许多同学就会想到在备考的特殊时段，家庭里必须要营造一个好的氛围，提供良好的环境等。但是，在这里我要说到的是我们对于家庭的责任，而并非家庭对于我们。

或许有的同学会认为，高考对于他们来说就是一种折磨，是父母强加于他们身上的一种负担。正是因为有了这样一种想法，所以学习之于他们，只会是无止境的折磨，每天沉浸在书山题海就好像真的溺水一般，有种几乎让人窒息的感觉。无论父母如何在一边苦口婆心地劝说也没有作用，因为在他们眼中，学习已经成为一条父母用来绑住自己的锁链，再怎么用力也挣脱不开。久而久之，也就陷入一种迷茫的状态，对于学习，也就更加不能激发出热情了。

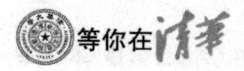

我们需要改变了。其实换一个角度想想，学习难道真的是父母在逼迫吗？这就回到了一个很原始的问题，我们为什么而学习？不同的人都有不同的答案。或许最现实的说法就是为了将来能够找到好的工作，过上更好的生活。但对于一个高三的学生来说，还不会考虑到那么远。在我看来，一个高三的学生的努力，正是为了尽自己对于父母的责任，不辜负他们的期望的责任。

可能很多同学都有过这样的经历。每当父母和一些朋友聚在一起，总会有意无意地谈论到自己孩子的学习，孩子学习还不错的，父母总会笑呵呵地向朋友说还不错；而学习稍差点的孩子的父母一般就会在朋友面前抱怨，自己的孩子是多么不听话，学习不上进，等等。作为孩子的我们，每当听到这些话的时候，心中是否会有一些波澜呢？

我想，作为孩子的我们，也希望看到父母在朋友们面前骄傲的笑脸吧。每当我们取得进步时，最为我们开心的无疑是我们的爸爸妈妈。而我们好的成绩，不也是报答他们养育之恩的一个最好的礼物吗？所以说，我们一定要改变我们原先错误的想法。学习不是父母强迫我们做的，而应该是我们强迫自己去担负的责任与义务。我想，当你递上一份完美的成绩单，看到父母脸上欣慰的笑容的时候，再辛苦的学习过程，再多的付出，再苦涩的汗水与泪水，又算得了什么呢？

对于家庭，我们不再是附属，我们也有属于我们的责任。

虽然是一个已经经历过高考的人，但是对于高考，我也不能说是一位真正的成功者。在这里，我只是将个人的拙见拿出来与大家分享、交流。固然，不同的人有着不一样的最适合自己的方法，但是中心思想其实都一样，无非就是放松心态，以最佳的状态迎接高考，才能在高考中笑傲群雄！祝大家都能取得自己理想的成绩，也能在自己理想的大学里继续大展拳脚，开拓一片属于自己的天地！

姓　　名：陶梦然
院　　系：清华大学人文学院人文班
毕业学校：北京东直门中学
人生格言：每一个结局都是自己亲手裁缝的！
高考成绩：612分

学习经验

高考可能是许多人生命中很有分量的一次考试，也是可以决定很多人命运的机会。这种时刻，抓住了，就是又一次起航。所以，在这里分享一些自身长期以来讨巧的学习方法，或许不会适合每一个人，但是总有一些会给你一点点启发。

在大学以前，作为学生，每一个人都会想的就是怎样把那几次重大的考试考好。现在提倡的素质教育，其实也是要在大家掌握好考试技巧之后才有资本来谈论的话题。所以，明确好学习目的，才是我们首先要做的。

作为学生，学习的目的无非是两种，第一是要应对高考，第二就是来提高自己的综合素质和能力。当然，提高自己的知识面是从长远角度来考虑的，很重要，但是在考试面前还是要放一下。

既然明确了学习目的，下面我就来说一下自己的一些讨巧的学习方法。面对严峻的高考，自豪地说，我从来没有为它熬过一天的夜，也没为它做过任何特别的改变，但是学出来的效率却比别人高那么一点点。有人说，你这是在炫耀自己的小聪明吧，让我们可望而不可即。其实不是这样，如果你们懂得了我说的这些，你们会比我的效率还要高，因为你们每个人都有着自己不曾了解的智慧，发掘出来，你们便会觉得高考其实不是那么难。

首先我要强调的一点，就是我们要懂得如何利用时间。我把学习分为几个重点的时间段：

第一，上课的时间。这个时间其实是对我们吸收、记忆最有用的时间段。在上课的时候，请记住，认真听讲，不管你觉得站在讲台上的这个老师是多么的没水平，哪怕他/她只是毫无创意地把课本原封不动地念了一遍，你也要看着课本，平静耐心地听他/她念完。因为你要知道，你的大脑是很挑剔的，在某种程度上，它和你一样，喜欢寻求刺激有意思的东西，这样获取来的东西，它会更乐于去消化、贮存和记忆。而这种丰富刺激的记忆，是靠我们自己看书所很难达到的。在课堂上，我们所感知的是声音和影像的双重刺激，比起我们自学时枯燥的视觉刺激，大脑当然更喜欢附带声效的记忆了，这样的记忆会潜伏在脑子里。在考试的时候，你会发现当你想起那个老师的某种语调或神情的时候，一道问题的答案也随之浮出了脑海。这不是一件更轻松的事情吗？

第二，下课的时间。这个时间一般说来大家都想要放松休息，缓解一节无聊的课下来紧绷的情绪。其实未尝不可。但是我更喜欢把它当作我处理无聊作业的时间。我上学时候的宗旨是：不把作业遗留回家，尽全力在学校做完。这时候，课间变成了完成我这项使命的最佳时间段。在课间写作业有两个好处：一是可以及时地把刚刚讲过的理论知识运用到作业题里去，更利于理解和吸收；二是可以借助学校里那种很好的学习氛围，以免回家之后被惰性所驱使，影响作业的效率

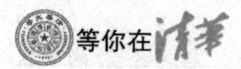

和质量。这样下来，回家的时间就会利用得更加充分和有价值。

第三，放学回家的时间。这个时间或许是我们很难利用起来的时间，因为在家里干扰我们学习的因素太多，至少我是没有办法来摆脱摆在我面前的一项又一项的诱惑的，所以我把回家的这段时间叫作自由支配的时间。当然，不要片面地把它理解为你逍遥自在的时间哦，这是不可能的，除非你不想参加高考了。这段时间做什么呢？我觉得这段时间最有效率的工作其实就是要找一些自己感兴趣的事儿做。比如说，今天在课上，哪个老师的一句话引起了你的兴趣，你就可以找一些相关的东西来看，这样可以很有效地提高这个知识点在你脑子里的记忆程度，让这个记忆更加持久而且有效，这是对于没有自制力扩充课外知识的同学最有效地丰富知识面的方法。

第四，早晨起床和晚上临睡前的时间。这段时间是我们思路最清晰且心情最好的时候。找一些比较难记忆的东西去记，一些搞不懂的问题去思考。尽管你当时依旧记不住，但是这个问题已经在你的脑海里埋下了根，不知不觉它已经成了你自己的知识。所以，很多人利用这样的时间来背英语单词，轻易地就背下来了。

第五，节假日的时间。这段时间是让我们充分享受生活的时间。不要说面临高考这样那样的压力，你若一贯地让你的大脑长期不间歇地处于疲劳工作的状态，相信我，它也是不会让你好过的。疲劳学习会让你觉得很累，而且效率极低，这样真是得不偿失。所以，要给自己一个舒缓压力、释放情绪的时间。定期的聚会，请你不要用各种学习的理由推托，即使真的有什么作业，也放一放，我相信，你玩了回来，一定会有更好的情绪来完成它。尽情地玩儿吧，把任何事情都放在一边，这样的时刻不是在荒废，而是给自己充电。要暗示自己，我玩儿了，但是我还可以学得很好。

这样的时间安排，完全顾及了你的大脑的情绪，让它能更好地为你工作；这样的安排，可以让我们的效率稳步上升，并且保持良好的学习状态。高考固然重要，但是我们的身心健康也不容忽视。所以，放轻松一点，我们其实不用苛求太多，适当休息，也可以学得很好。

最后，给大家一个建议。学习之余要多做运动，运动真的可以平衡你的生理和心理状态，全面发展的人，才是现在社会和高校所真正需要的人才。

时间是挤出来的，情绪是调整出来的，成绩是努力奋斗出来的。没有什么捷径可以让你一跃飞入清华的大门，调整好自己，用最好的心态去面对每一个挑战，就是我给大家最最中肯的建议。希望你们每一个人都能实现自己的梦想，带着梦想腾飞。

加油！

姓　　名：陈进博
院　　系：清华大学机械工程系
毕业学校：海南中学
人生格言：冰冻三尺非一日之寒！
高考成绩：854＋20（数学竞赛加20分）

让梦想启航

　　时间匆匆走过，现在已是初冬。此时的清华园，韵味十足而又充满典雅的气息。身在清华园的我，忽然回想起高中的生活，那些紧张而充实的日子，那些为高考这个目标奋斗拼搏的日子。我轻轻地拾起记忆的细丝，回想当时的学习方法，也许对后来人会有些帮助，也对自己的学习有助益。

　　我要提出三个概念。第一个是"系统学习法"，就是能够系统地学习某个科目的方法。首先在你心中，要有个目标，或者说是学习的方向、学习所要达到的效果。对准备高考的广大同学而言，就是要考高分，考取自己理想中的大学。

　　那么具体怎么做呢？先到书店里选购一本自己中意的辅导书，只要一本就足够了，最好是与备考内容相同的高考总复习书，要求有内容讲解而且附带习题，能帮助检验学习效果的。拿到书之后就可以按照书的目录开始系统地学习了。根据书中的内容，从简单到困难，从浅入深，把要点掌握到位。这样之后就可以做后面的习题，做习题的目的就是检验学习效果。如果发现错误就要开始反思，是自己粗心，还是没弄明白？如果是毛手毛脚大多是因为自己没有真正投入到学习中去，最好开始调整状态。如果是真的没有理解或者理解出现错误，这时就要用红笔将错误的题勾画出来，在旁边做上醒目的记号。然后翻查课本、辅导书，寻找相应的知识点，细细琢磨，直到有正确的解法。想明白的时候最好是把那一刹那恍然大悟的想法记录下来，这是非常有价值的。

如果自己真的不能弄清楚，就要请教老师同学尽早把问题弄清楚，把解法记录在题侧。这样以后复习的时候就有了明确的方向，不至于什么内容都看，白白浪费宝贵的时间。看自己曾经做错的题，效率会相当高。最后是要记得把有价值的东西都记录在一本笔记本上，把当时的思考备份。这也是"把厚书读薄"的方法。倘若你发现有些内容还很艰涩，还没有完全弄明白，这时最好是找一本专题类的复习书，针对个人情况而定。

要提醒的是要跟着老师的进度，超前更好。高三冲刺阶段，铺天盖地的习题试卷那是理所当然，完成老师布置的任务，攻克这些小的堡垒，会有效提高你的学习热情。如果真的能够做到的话，月考排名肯定就不会低，可以享受名列前茅的感觉。

当然系统学习法对不同科目会有所不同。像生物化学这样的科目，记忆要点多，虽然也有计算（化学计算部分、生物细胞学部分）。这两个科目要求把更多的时间花在理解记忆上，这是学科特点决定的。弄清楚结构框架，厘清要点的内在联系，想得越明白，记得就越牢固。而对数学、物理来说，计算的内容丰富而且计算相对复杂，单纯记忆的公式不多，这样就要求多多练题。把相关内容要点弄懂以后就可以开始练题，最好是找最近几年的高考题、模拟题，毕竟

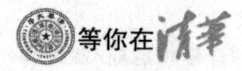

与高考要求内容比较接近。主要是训练解题思维和计算精确度。就像投篮，光姿势漂亮没有命中率不行，保证了命中率同时还要追求姿势美观。解题思维与计算准确度同样重要。要保证正确率平时就要注意培养专心的习惯。

至于语文，个人觉得就要靠平时课外积累了。语文的背景是中华民族五千年灿烂的文化，章句词字都有历史沉淀。多看课外书，尤其是名家文章，对培养人文素质、对考好语文都会有很大帮助。积累很重要，写文章要想有深度，没有文化内涵不行。无源之水会长流不息吗？对写作文，背一定数量的范文在一定程度上有用，但是背诵的永远是别人的口慧。重要而有效的就是训练自己的表达能力。在报纸上浏览要闻，可以找到许多作文素材，参考新闻评论，写出自己对新闻事件的看法，写出自己的真情实感。关心时事会有帮助，我们当时就以三鹿奶粉污染为主题做习作。我以"三鹿奶粉的自述"为题写了一篇对绿色食品问题的思考的作文，受到老师的赞赏。新闻时事也是高考作文的主要素材之一。

至于英语，个人觉得最好做到"三多"：多背，多读，多听。语言是用来交流的，记住它们表达的方式，有单词量做坚强后盾，加上语法结构支持，应付考试没问题。学好英语，兴趣是最好的老师，把学习英语当作是件快乐的事，"好之"并"乐之"。跟着老师复习的进度很有必要，扎扎实实地训练，每天进步一点点，临近高考，你就已经进步了一大截。

还有一个概念是"超前"，就是把需要学的内容提前学了，就像搞竞赛的一样，要提前打好基础，然后考虑往有深度的内容学习，纵横拓展。但是如果不能做到竞赛保送，就不用研究太有深度的问题，比如说数学竞赛的不用研究 IMO（国际数学奥林匹克竞赛）了，会很费时间。超前的好处是见多识广；坏处是容易产生松懈感，会有既然都懂了上课就没有必要听了的想法。老师课上讲的重点难点一般都是高考大纲要求的内容。这可以帮助你了解熟悉大纲，知道要考的范围。

再谈谈心理因素的影响。做好充足的准备，轻装上阵，效果会很好。高考备战要有恒心，有信心。持之以恒并充满信心，循序渐进地积累，一步一个脚印。不要有太大压力，就把高考当作一次月考，以平常心对待就好。在考前注意保持适度的紧张感，适当放松，适当做些题，保持最佳状态。

当然这些都是我个人的看法与体会，如果能够让你对学习有些思考，那么我想我的目的已经达到。毕竟学习方法有多种，最重要的是找到适合自己的，这需要自己去摸索，而我想做的是尽量减少你摸索的时间。把学习当作一件乐事，你会找到属于你的辉煌！

把理想放飞，让梦想启航。真心祝愿你能成功！

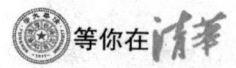

姓　　名：陈　梦
院　　系：清华大学经济管理学院
毕业学校：广东省广州市执信中学
人生格言：Nothing is impossible.
高考成绩：664 分

愿力所至，金石为开

　　转眼间来到清华已经一年半了，在这段时间里，我像其他刚进入大学的同学一样，每天在教室和宿舍之间奔波着，偶尔去参加一些文体和社团活动，似乎每天都有忙不完的事，每天都是充实的。然而在某些空闲的时刻，当我独自一人安静地坐在书桌前，好好地总结思考这段时间自己做过的事，我会回忆起高中的安静、充实、简单地备战高考的那段时间。

　　我高中就读于广州市执信中学，高中三年我过得波澜不惊，没什么大起大落的经历，一切只是踏踏实实地为着一个很现实的目标努力。我和同班同学每天都重复着同样的事情，听课、做作业、复习、考试，每天都过着宿舍、食堂、教室三点一线的生活。那时候我什么都不用想，生活非常单纯、非常平静，一切都很理所当然。那种单纯和平静就是我所坚持的东西，做好当下的事情，走好目前的这一步。

我是一个外表很柔弱的女孩子，但是我内心有坚定的、不会轻易改变的、执着的目标。我知道只要做好每一步，一定会有回报的。于是我比别人都踏实，比别人都勤奋，当别人都在玩耍的时候我还在用功读书。我也不采用疲劳战术，每天早睡早起，着眼于提高学习效率。事实也证明了我的策略是正确的。因为我的踏实和勤奋，我的心理素质比别人都要好，在高二、高三分流到文科之后，我在每一次的大型考试中都取得了总分第一名的成绩，最后以广州市高考文科第一名的成绩考上了清华大学，现就读于经管学院经济与金融国际班。我非常高兴能够在这里和大家分享一下自己的一些学习心得，其实就是一些很简单的道理，做好当下，相信梦想，踏实的人总会有回报的。

我想着重讲心态的调整，还有复习备考当中我的几点见解。

首先是目标的确立。对于这点，我想说的是，不一定每个人都要考上清华北大，但是每个人都要有自己的梦想，有了梦想，遇到困难才会越挫越勇，才会用尽自己的一切力量去赢得成功。千万不要忽视了一个梦想、一个理想的能量。有了理想，心中就会有坚定的毅力。当梦想成真的那一刻，你将会发现，当初确立一个理想，心怀一个梦想，是多么正确。遇到困难的时候绝不能放弃，一定要坚定地相信，坚持到底就是胜利，要以百倍的勇气和克服困难的坚定信念，去战而胜之，在困难中涅槃重生。

理想与现实是有矛盾的，有理想是好事，但是更重要的是理想的实施过程，清华校风是"行胜于言"，对行动的重视，就是行胜于言最好的实践。到了高三，应该每个同学都至少有一个朦胧的目标了，有理想是好事，但行动也很重要，经常把远大的目标挂在嘴边的人也为数不少，但是最终成功的人却不多。为什么？就是因为很多确立了所谓的"理想"的同学好高骛远，只是想着理想实现后的美好，却没有从现在做起，马上着手，踏踏实实地做好自己应该做的事。有理想，但更要踏实，而对于只说不做、追求一时风光的人来说，所谓的理想，是苍白无力的。所以，要确立适当的目标，不能一步登天，成功在于积累，目标需要分解，一步一个脚印，在浮躁与喧嚣中默默努力，理想就会在不知不觉中实现。说完这些，其实我想强调的就是，一定要踏实，行胜于言，说是没用的，理想要落到实处，而不是水中的月亮只供观赏。

我还想讲的是基础的问题。高考看的是总分，而容易题和中档题在高考中占80%的分量，总分是750分，拿到80%，那就有600分了。所以基础的重要性不言而喻。基础是生命线，难题要适当放弃，赢得了基础，做对了会做的题，就是胜利！我们班有不少同学忽略了基础的重要性，一味钻研难题，以为会做难题考试就一定得高分，殊不知高考主要是容易题和中档题，而那些平时把所有精力放在难题上的同学，却不重视基础，难题是会做，但是简单的题老做错，考完了他们就说这只是粗心而已，其实是会做的。这种情况是最不值得的。你会做难题，说明你有实力，但是连简单题都做错，分数能高吗？其实很多看起来是粗心做错的题，是有深层原因的，比如，是不是这个知识点不够熟练？是不是平时的习惯不好？是不是字写得太马虎了导致看错？是不是草稿写得太乱，导致思路出错？做错基础题千万不要一句"这只是粗心而已，下次小心点就行了"。做错简单的题更要引起重视，耐心地找出深层的原因，重新分析自己的思维过程，仔细寻找出错的环节，这样才没有白错。如果错了又找不到原因，那么做错那么多题，又有什么用呢？高考前10天，我做了很多模拟题，犯了很多错误，而这些题目中的错误我都一一耐心地进行了分析，虽然当时自测的得分不高，但是我相信这些题目我不会白错，高考一定有所改善的。所以到了高考我没有犯不应该的错误。同学们，千万不能忽视基础，多少高手倒在了基础上面，多少同学就是因为基础扎实才在高考中冲出来。高考爆冷看似偶然，但是认真分析这些同学，无一不是基础扎实的同学。有了扎实的基础，成绩才会稳定，才能够有机会冲击高分，才有资格成为真正的高手。不重视基础，只会解难题的同学，往往比较浮躁，成绩起落较大，在高考中取得佳绩的概率就低了。基础，基础，再基础！

基础训练过程中，对答案是消灭错题的终极手段。答案对好了，错误就能够消灭得干净。尤其基础比较差的同学，就应该好好向答案学习了。很多同学都会有不少不会做的题目，如果尽了力，还是想不出来，那么就一定不能浪费时间，要及时看答案。看答案也是很有技巧的。我自己认为，对于不会做的题目，对答案有三种层次：第一，什么地方不会做；第二，为什么不会做；第三，怎么才可以会做。对于做错的题，同样也有三种层次：第一，错在哪里，第二，为什么错，第三，怎么才可以不错。对于不会做的题目，对答案时要先搞清楚答案的思路，结合自己解题的过程，分析究竟自己是什么地方出了问题导致思路断点。答案的突破口在哪里？向答案学习，尽量把自己的思路向答案靠拢，你将积累下大量宝贵的经验，从而大幅提高解题能力。对于错题，也是一样的，关键是要把自己的思路和答案的思路比照，找出异同，找出突破口与自己的误区，发现一个错，消灭一片错。对好了答案，做题才有收获，才能够深入题目的本质，深刻认识到自己知识的弱点与漏洞。

我曾经和不少同学聊过天，很多人问，为什么自己平时的水平那么高，什么题都能做出来，为什么到考试就老是考不好，完全考不出自己正常的水平，还有不少高考失手的同学，更是让人婉惜。经过我的观察和了解，这些同学大都有一个共同点，心理素质很不好，考试容易紧张。有的是遇到不会做的题时就一蹶不振，一道题而影响了全卷，有的是上一科考差了，就伤心颓丧，影响了后面的科目，却自毁长城，还有的到了考试最后几分钟或者十几分钟，就紧张得不得了，思路乱套了，一点也不清晰，导致大脑一片空白，白白看着时间流逝却对剩下的题目无能为力。这就是心理素质不好对考试的不利影响。

要想发挥出正常水平，就要有良好的心理素质。心理素质不好，实力再强的考生，在考试中也必然会打折扣，而好的心理素质则将在考试中产生积极作用。同一水平的同学，谁的心理素质好，谁就能取得最后的成功。怎么样提高心理素质，这是一个迫切而困难的问题。当然，心理素质需要多方面的共同努力才能提高到一个很高的水平，如父母平日的关心与谈话、老师的辅导、同学间的讨论，更重要的是自己的调整。父母和老师的指导，是客观的条件，此外还需要我们的努力，即自己调整好自己的心理素质。

怎么才能培养良好的心理素质？首先自己平时要保持良好的心态。

我觉得高三一年的心态应该是这样的：踏实平静，自信坚定。高三这一年考试不断，很多同学的心态都会被考试的排名所打乱，成功了，放松几天，失败了，沮丧几天，这样就浪费了大量时间。我想说的是，无论如何，要保持一颗平常的心，当然做到心如止水是很难的，但是心态要尽量平稳，不要受外界干扰，认定了目标，就踏踏实实去做，让外物无法影响自己。如果同学们能够保持平静，达到"泰山崩于前而色不变，麋鹿兴于左而目不瞬""处变不惊，坐怀不乱"的境界，就一定能正常发挥。还有，万万不能浮躁，理想本身是很令人激动的，所以不少确立了理想的同学都难免有一种急功近利的心理，迫不及待地要达成理想，获得成功，导致一成功就沾沾自喜，一失败就灰心丧气，患得患失。然而这种心理是最要不得的。越想达成理想，越不能浮躁。勤奋、坚定、刻苦这些品质才是成功的关键，智力、聪明这些虽然有关系，但根本不是决定性因素。我送大家一句话：重剑无锋，大巧不工。就是说事物发展到一定水平后就会抛弃一些表面虚华的东西，而去追寻事物的本质。有深厚的积累是没有必要去追寻虚无的花招的。勤奋、努力，方法得当，坚信自己到最后能成功。

　　心态上很重要的一点在于不要害怕失败。我最喜欢鲁迅的两句诗：血沃中原肥劲草，寒凝大地发春华。这两句诗的意思就是经历了痛苦的过程，经历了困难的洗礼，跨过了很多的障碍，从中得到的经验，将会是理想的肥料。正是无数次的失败，正是无数的困难，正是无数设法解决问题、克服困难的过程，成就了一个人的成功。高考前的一切失败都是无关紧要的，都是必要的，这句话我到高考后才真正理解。高考就一次，录取就看高考成绩，哪里管你平时考得怎么样？只要平时的考试能够增强自己的实力，暴露出存在的问题，考得差又何妨？所以只要平时的考试起到了它的作用，就不必太过计较名次，我们应该思考，这次考试我收获了什么。同学们，顶住高考前的失败，在黎明前的黑暗中守望，总有一天，你会看到最灿烂的曙光。

　　以上就是我想和大家分享的一些经验，希望能够对大家的复习备考过程有所帮助，也祝愿所有同学都能够实现自己的愿望，考上自己理想的大学。